essentials

W0263366

essentials liefern aktuelles Wissen in konzentrierter Form. Die Essenz dessen, worauf es als „State-of-the-Art" in der gegenwärtigen Fachdiskussion oder in der Praxis ankommt. *essentials* informieren schnell, unkompliziert und verständlich

- als Einführung in ein aktuelles Thema aus Ihrem Fachgebiet
- als Einstieg in ein für Sie noch unbekanntes Themenfeld
- als Einblick, um zum Thema mitreden zu können

Die Bücher in elektronischer und gedruckter Form bringen das Expertenwissen von Springer-Fachautoren kompakt zur Darstellung. Sie sind besonders für die Nutzung als eBook auf Tablet-PCs, eBook-Readern und Smartphones geeignet. *essentials:* Wissensbausteine aus den Wirtschafts-, Sozial- und Geisteswissenschaften, aus Technik und Naturwissenschaften sowie aus Medizin, Psychologie und Gesundheitsberufen. Von renommierten Autoren aller Springer-Verlagsmarken.

Weitere Bände in der Reihe http://www.springer.com/series/13088

Peter Klesse

Best Practice im Vertrieb durch Hoshin Kanri

Mit der japanischen Management-Methode zum nachhaltigen Vertriebserfolg

Peter Klesse
Düsseldorf, Deutschland

ISSN 2197-6708 ISSN 2197-6716 (electronic)
essentials
ISBN 978-3-658-27553-2 ISBN 978-3-658-27554-9 (eBook)
https://doi.org/10.1007/978-3-658-27554-9

Die Deutsche Nationalbibliothek verzeichnet diese Publikation in der Deutschen Nationalbibliografie; detaillierte bibliografische Daten sind im Internet über http://dnb.d-nb.de abrufbar.

Springer Gabler
© Springer Fachmedien Wiesbaden GmbH, ein Teil von Springer Nature 2019
Das Werk einschließlich aller seiner Teile ist urheberrechtlich geschützt. Jede Verwertung, die nicht ausdrücklich vom Urheberrechtsgesetz zugelassen ist, bedarf der vorherigen Zustimmung des Verlags. Das gilt insbesondere für Vervielfältigungen, Bearbeitungen, Übersetzungen, Mikroverfilmungen und die Einspeicherung und Verarbeitung in elektronischen Systemen.
Die Wiedergabe von allgemein beschreibenden Bezeichnungen, Marken, Unternehmensnamen etc. in diesem Werk bedeutet nicht, dass diese frei durch jedermann benutzt werden dürfen. Die Berechtigung zur Benutzung unterliegt, auch ohne gesonderten Hinweis hierzu, den Regeln des Markenrechts. Die Rechte des jeweiligen Zeicheninhabers sind zu beachten.
Der Verlag, die Autoren und die Herausgeber gehen davon aus, dass die Angaben und Informationen in diesem Werk zum Zeitpunkt der Veröffentlichung vollständig und korrekt sind. Weder der Verlag, noch die Autoren oder die Herausgeber übernehmen, ausdrücklich oder implizit, Gewähr für den Inhalt des Werkes, etwaige Fehler oder Äußerungen. Der Verlag bleibt im Hinblick auf geografische Zuordnungen und Gebietsbezeichnungen in veröffentlichten Karten und Institutionsadressen neutral.

Springer Gabler ist ein Imprint der eingetragenen Gesellschaft Springer Fachmedien Wiesbaden GmbH und ist ein Teil von Springer Nature.
Die Anschrift der Gesellschaft ist: Abraham-Lincoln-Str. 46, 65189 Wiesbaden, Germany

Was Sie in diesem *essential* finden können

- Was ist Hoshin Kanri und wie setzt es sich aus Instrumenten und Prozessen auf Basis einer partizipativen und agilen Führungsphilosophie zusammen?
- Warum ist der Strategiekompass Hoshin Kanri ein geeignetes Mittel zur kurz- bis langfristigen Vertriebsoptimierung und insbesondere zur Strategieumsetzung im Vertrieb?
- Welche konkreten Handreichungen gibt es, um Hoshin Kanri im Vertrieb einzuführen, erfolgreich zu nutzen und weiterzuentwickeln?
- Welche positiven Erfahrungen hat die auch in Deutschland tätige Danaher Corporation mit Hoshin Kanri gemacht und was können Sie daraus lernen?
- Was sind wichtige Erfolgsfaktoren für die Einführung von Hoshin Kanri und wann sollte Hoshin Kanri nicht eingeführt werden?

Vorwort

Von der Ausbildung und Berufserfahrung her bin ich kein Experte für Kaizen, Six Sigma oder Lean-Methoden. Ich bin Vertriebler – als Vertriebsleiter, Berater u. a. bei der Boston Consulting Group, Gemini und Mercuri International und als Interim-Vertriebsleiter und Interim-Geschäftsführer in Unternehmen unterschiedlicher Branchen und Komplexität. Warum also schreibe ich hier über Hoshin Kanri? In einem meiner letzten Projekte – als Interim-Vertriebsleiter – begeisterte mich mein ehemaliger BCG-Kollege Christian Artmann mit der erfolgreichen Einführung von Hoshin Kanri im gesamten Unternehmen unseres gemeinsamen Kunden. In diesem *essential* will ich keines der lesenswerten und weiterführenden Werke zu Hoshin Kanri ersetzen, wie zum Beispiel aktuell Kudernatsch (2019) oder Akao (1991), vielmehr stelle ich Hoshin Kanri erstmals fokussiert auf den Vertrieb vor.

Ich habe dieses *essential* für Sie geschrieben, für jemanden, der

- vor der Aufgabe steht, seinen/ihren[1] Vertrieb zu professionalisieren und erfolgreicher zu machen,
- dabei (noch) kein Experte für Hoshin Kanri ist, aber offen für moderne Managementmethoden,
- schnell einen nachvollziehbaren Überblick über den Einsatz von Hoshin Kanri zur Vertriebsoptimierung erhalten, dazu aber kein umfangreiches Standardwerk lesen möchte.

Die im Kapitel „Was Sie in diesem *essential* finden können" aufgeführten Fragen werden nun im Verlaufe des Buches anschaulich beantwortet.

---

[1]Akzeptieren Sie bitte, dass ich ab hier nur die grammatikalisch männliche Form verwende.

Übrigens: Das fiktive Beispiel der MaschBau GmbH in diesem Buch mit seiner Excel-Umsetzung der Hoshin Kanri-Instrumente ist für ein schnelles Verständnis bewusst einfach und „hands-on" gehalten und nicht bereits ein Muster für „Best Practice".

Düsseldorf   Peter Klesse
im Juli 2019

Inhaltsverzeichnis

Was ist Hoshin Kanri?

1

1.1 Einleitung

Lassen Sie mich mit einer Frage beginnen: Was macht erfolgreichen Vertrieb[1] aus? Möglichst viel zu verkaufen und die Absatz- und Umsatzziele zu erreichen? Ich meine, es ist mehr. Vertrieb hat eine essenzielle Aufgabe in Ihrem Unternehmen zu erfüllen, von der alle anderen Bereiche abhängen: Fertigungsanlagen auslasten, neue Produkte in den Markt einführen, neue Kunden gewinnen und die finanziellen Ergebnisziele erreichen, vorhandene Kundenwünsche erkennen, zukünftige prognostizieren, diese mit den Kernfähigkeiten Ihres Unternehmens profitabel erfüllen, Kunden erhalten, sie weiter entwickeln und letztlich begeistern: zielgerichtet, planbar, nachvollziehbar und nachhaltig.

Dazu haben Sie vier Erfolgsschlüssel und Hebel in der Hand:

1. die „richtige" Ausrichtung und Ziele-Setzung des Unternehmens auf Märkte, Kunden, Geschäfte, Angebote, Vertriebskanäle und Partner,
2. eine perfekte Umsetzung dieser Ausrichtung und Ziele in Organisation, Prozessen und Systemen,
3. eine möglichst professionelle und zugleich effiziente Vertriebspraxis im Tagesgeschäft und
4. die dazu passende Planung, Steuerung und Führung Ihres Vertriebs.

---

[1]Dabei verstehe ich unter Vertrieb alle Organisationseinheiten, Prozesse, Systeme und Regeln, die der Vermarktung der Unternehmensleistungen sowie dem Management der Kundenbeziehungen dienen – meist mehr als die im Unternehmen „Vertrieb" genannte Organisationseinheit; im Englischen oft auch „Go-to-market" genannt.

© Springer Fachmedien Wiesbaden GmbH, ein Teil von Springer Nature 2019
P. Klesse, *Best Practice im Vertrieb durch Hoshin Kanri*, essentials,
https://doi.org/10.1007/978-3-658-27554-9_1

Wie können Sie mit diesen Hebeln Spitzenklasse werden? Manchmal muss der Vertrieb nur besser geführt und gesteuert, müssen kleine Stellschrauben angezogen werden. In anderen Fällen reicht das nicht, es müssen Vertrieb und Marktauftritt grundlegend und aufwendig umgebaut werden, um „Best Practice" zu erreichen.

Insbesondere für die beiden Punkte 2. „Umsetzung der Ziele" und 4. „Steuerung" sollten Sie über den „Strategie-Kompass" Hoshin Kanri als geeignetes Instrument und passende Methode nachdenken. Letztlich gilt zudem: „Nur was man messen kann, kann man auch erreichen."[2] Wie und womit kann man aber sinnvoll messen und steuern? Auch hierzu bietet sich Hoshin Kanri als erfolgreiche Methode zur strategischen und operativen Steuerung eines Unternehmens an.

Aber: Kann man Hoshin Kanri überhaupt auf den Vertrieb begrenzen oder wird das in einem ansonsten gänzlich anders ausgerichteten Unternehmensumfeld scheitern? Ich sage ja – unter bestimmten Voraussetzungen. Dieses *essential* wird Ihnen bei der Beantwortung dieser Frage für Ihr Unternehmen helfen.

1.2   Herkunft

Nach dem für Japan verlorenen zweiten Weltkrieg verhalfen US-amerikanische Experten der Civil Communication Section (CCS) unter Leitung von W. Edwards Deming und Joseph M. Juran der japanischen Wirtschaft beim Aufbau eines neuen Managements für die Entwicklung der japanischen Nachkriegswirtschaft. Sie lehrten amerikanische Managementmethoden, wie den Deming-Circle PDCA, Management by Objectives und den erfolgreichen Umgang mit Abweichungen. Insbesondere der unternehmerische Planungsprozess stand im Zentrum der daraus hervorgegangenen japanischen Fortschreibungen. Ab 1965 entwickelten Toyota und Komatsu auf Basis erster Entwürfe von Bridgestone Tires das Prinzip von Hoshin Kanri, das sich nach 1975 zuerst in Japan und dann auch in den USA verbreitete. Der bereits erwähnte und seit 1950 von der japanischen JUSE-Organisation[3] vergebene Deming-Preis wurde zum Instrument einer erfolgreichen Verbreitung sowohl in Japan als auch – über japanische Tochterfirmen US-amerikanischer Unternehmen – in den USA, wie beispielsweise bei Hewlett-Packard, Fuji-Xerox und Texas Instruments.

---

[2]Oft auch abgewandelt auf Englisch „Only what gets measured, gets done."

[3]JUSE = Union of Japanese Scientists and Engineers.

1.3 Begriffsbestimmung

Hoshin bedeutet im Japanischen „Kompassnadel" und Kanri „Management" oder „Steuerung anhand von Zielen", Hoshin Kanri kann daher mit „Kompassnadel-Management" oder „Strategie-Kompass" übersetzt werden. Im Englischen heißt es häufig „Policy Deployment" oder „Management by Policy". Hoshin Kanri ist Methode und Philosophie. Es wird üblicherweise genutzt, um die Strategie eines gesamten Unternehmens umzusetzen und weitreichende, ambitionierte Ziele[4] zu erreichen. Per se ist Hoshin Kanri kein Instrument der Strategieentwicklung und ebenfalls nicht dazu da, die tägliche Feinsteuerung, wie etwa den Mitarbeitereinsatz, vorzunehmen oder ein tagesaktuelles Vertriebs-Cockpit zu ersetzen.

Wir können, wie in Abb. 1.1 dargestellt, von drei Ebenen sprechen:

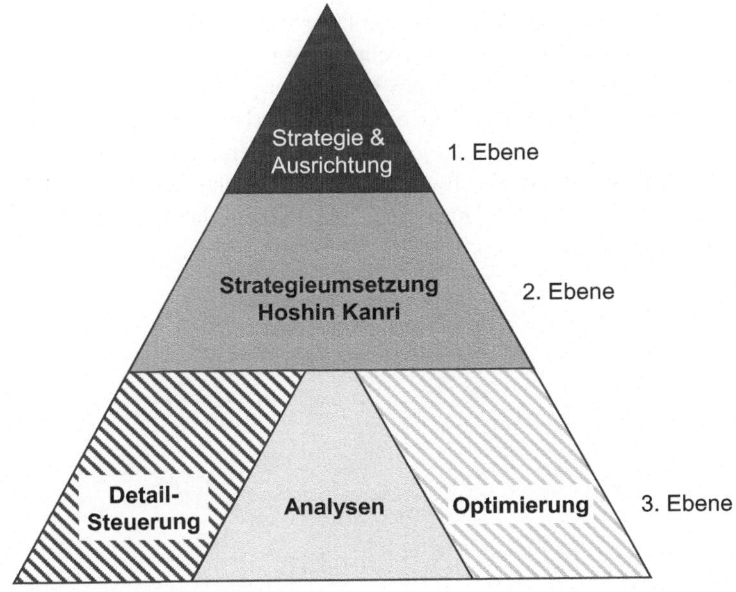

Abb. 1.1 Drei Ebenen der Strategieumsetzung

---

[4]Weitreichende strategische, ambitionierte Ziele werden in Hoshin Kanri oftmals als „North Stars" = „Polarsterne" für die Navigation des Unternehmens bezeichnet.

1. der Strategieentwicklung und Ausrichtung,
2. der für Hoshin Kanri relevanten Ebene der Strategieumsetzung und
3. der dritten Ebene mit operativer Detail-Steuerung, Analysen und Optimierungsmaßnahmen.

1.4 Drei Elemente von Hoshin Kanri

Zum besseren Verständnis bauen wir Hoshin Kanri aus drei Bausteinen auf:

1. der Hoshin-Philosophie, s. Kap. 2,
2. dem Hoshin-Steuerungsinstrument, s. Kap. 3,
3. den benötigten Prozessen, s. Kap. 4.

Üblicherweise wird Hoshin Kanri unternehmensweit eingeführt. Unternehmen wie der US-amerikanische Mischkonzern Danaher Corporation (s. Kap. 6) setzen es für alle Untergliederungen und Tochterfirmen ein, um diese konsistent und effektiv zu steuern. Mit Hoshin Kanri sind Sie aber auch in der Lage, einzelne Unternehmensbereiche, Funktionen oder Geschäftsbereiche zu steuern – sei es dauerhaft isoliert oder als Pilotprojekt für eine spätere, unternehmensweite Einführung. Obwohl es viele Veröffentlichungen zu Hoshin Kanri gibt, geht doch bisher keine speziell auf die Umsetzung und Nutzung im Vertrieb ein, was das Ziel dieses *essentials* ist.

Die Hoshin-Philosophie 2

2.1 Kern-Elemente der Hoshin Kanri-Philosophie

Hoshin Kanri ist mehr als eine Managementmethode, denn Hoshin Kanri liegt eine eigene Philosophie zugrunde, die insbesondere aus den folgenden elf Kern-Elementen besteht:

1. **Partizipativ:** Intensive Einbindung, Diskussion und Konsensfindung zwischen dem verantwortlichen Management und den beteiligten Mitarbeitern. Hoshin Kanri nutzt ein transaktionales, kooperatives Führungsmodell, selbst dann, wenn dies nicht immer zu Zielen führt, die zu 100 % den Wünschen von „ganz oben" entsprechen.
2. **Kooperativ:** Cross-funktionales Aufbrechen von Silos zwischen Bereichen und Abteilungen aus der Erkenntnis heraus, dass die meisten Probleme nur in Zusammenarbeit mehrerer Verantwortungsbereiche gelöst werden können.
3. **Befähigung:** Investition in die Befähigung – Training und Coaching – aller Beteiligten und ihre Bewertung anhand der erfolgreichen Umsetzung von Hoshin Kanri. Nur kompetente Mitarbeiter sind bereit und fähig, Verantwortung zu übernehmen und Entscheidungen zu treffen.
4. **Kaskadierung:** Herunterbrechen und Verbinden langfristiger, besonders attraktiver, strategischer Ziele – den „North Stars" – über Jahres-Finanzziele, operative Leistungsziele, Realisierungsinitiativen/Projekte und Verantwortlichkeiten bis hin zu überprüfbaren Maßnahmen und Aktivitäten. Alles hängt mit allem zusammen.
5. **Langfristigkeit:** Strategische Ziele haben einen Horizont von fünf bis acht Jahren und stellen die Verbindung zwischen Zukunftsperspektive und konkreter Umsetzung dar.

© Springer Fachmedien Wiesbaden GmbH, ein Teil von Springer Nature 2019
P. Klesse, *Best Practice im Vertrieb durch Hoshin Kanri*, essentials,
https://doi.org/10.1007/978-3-658-27554-9_2

6. **Fokus:** Hoshin Kanri beschränkt sich bewusst auf wenige – die fünf bis sechs wichtigsten – „North Stars" bei bewusstem Ausblenden zweitrangiger Ziele.

7. **Quantifizierung:** Messbarmachen und Messen aller Ziele und Vereinbarungen, damit Abweichungen auch unmittelbar identifiziert werden können.

8. **Fehlertoleranz:** Das Verfehlen der ambitioniert gesetzten operativen Ziele – der „stretched goals" – ist nicht per se schlecht, sondern wird als Chance zur Identifikation und Umsetzung von Verbesserungspotenzialen gesehen. Dennoch sind die vereinbarten Ziele über das Jahr verbindlich und verpflichtend.

9. **Sachorientierung:** Verantwortliche, die ihre Ziele nicht erreichen, werden nicht blamiert, sofern sie Begründungen und Maßnahmen vorlegen. Es geht um die Sache und nicht um Personen. Dies setzt eine ernsthafte, analytische Beschäftigung mit Abweichungen und ihren Ursachen voraus.

10. **Kommunikation und Visualisierung:** Da Hoshin Kanri partizipativ ist, muss entsprechend umfangreich kommuniziert werden: persönlich und vor allem über für alle Beteiligten zugängliche Visualisierungen.

11. **Methoden-orientiert:** Systematische Weiterentwicklung per Deming-Cycle PDCA[1] und der Behebung unakzeptabler Abweichungen anhand einer Vielzahl von Optimierungsmethoden wie in Abschn. 4.3 dargestellt.

2.2 Strategiedefinition und Ausrichtung

Hoshin Kanri ist eine Methode zur Strategieumsetzung. Es setzt daher voraus, dass Sie strategische Ziele und Geschäftsmodelle bereits (weitgehend) definiert und verabschiedet haben. Hierzu gehören auf Fakten basierende Definitionen und Entscheidungen:

1. In welchen Geschäften ist Ihr Unternehmen tätig?
2. Wie können diese Geschäfte erfolgreich betrieben werden?
3. Was sind Ihre Stärken, Schwächen, Chancen und Risiken für jedes der Geschäfte?

---

[1]Deming Cycle oder auch Deming Circle, Shewhart Cycle oder PDCA-Zyklus beschreibt einen iterativen vierphasigen Prozess für Lernen und Verbesserung des US-amerikanischen Physikers Walter Andrew Shewhart, weitergeführt von W. Edwards Deming. PDCA steht hierbei für das englische „Plan – Do – Check – Act".

In diesem *essential* habe ich nicht den Anspruch, Strategieentwicklung und Ausrichtung eines Unternehmens in wenigen Zeilen zu beschreiben. Dennoch ist es wichtig zu verstehen, dass eine Strategie vorhanden sein muss, bevor man sie umsetzen kann, und dass Strategieentwicklung mehr ist als quantitative strategische Planung. Dass dies oft falsch verstanden wird, stellt Richard Rumelt im Interview mit Lovallo (2007) klar.

1. In welchen Geschäften ist ihr Unternehmen tätig?
Diese Frage scheint eine Selbstverständlichkeit zu sein, ist es aber häufig nicht. Dazu gehören klare und faktenbasierte Definitionen:

- In welchen Märkten und Regionen sind Sie tätig, wie können diese möglichst gut definiert und gegeneinander abgegrenzt werden?
- Wer sind die Ist-Kunden und die Zielkunden Ihres Unternehmens, wie können sie beschrieben, klassifiziert und segmentiert werden?
- Was sind die Produkte und Leistungen für die Kunden und Märkte und
- für welche die Anwendungen und Verwendungen der Kunden und etwaiger Endkunden werden die Leistungen benötigt?

Für jedes der Geschäfte können Sie z. B. zur Visualisierung ein Business Model nach Osterwalder (2010) und (2014) definieren.

2. Wie können diese Geschäfte erfolgreich betrieben werden?
In sechs Elementen können Sie beschreiben, auf welche Weise Sie in jedem der zuvor definierten Geschäfte erfolgreich sein wollen:

1. Warum kauft ein Kunde Ihre Leistungen und Produkte? Was unterscheidet sie von Wettbewerbsangeboten und was sind die Entscheidungskriterien (und Entscheidungsprozesse) der Kunden, was ist ihre Einzigartigkeit und ihre Value Proposition[2]?
2. Wie wollen Sie Ihre Leistung möglichst effizient, schnell und qualitativ hochwertig erzeugen? Hierin steckt die Optimierung der gesamten Leistungserzeugung und Wertströme.
3. Über welche Vertriebskanäle möchten Ihre Kunden kaufen – Direkt, Handel, Online – und mit welchen kann das Unternehmen am besten zusammenarbeiten?

---

[2]Value Proposition = kundenindividuelles Nutzenversprechen einer Leistung.

4. Wie wollen Sie sich mit Ihren Wettbewerbern auseinandersetzen – über Preise, Schnelligkeit, persönliche Kontakte, Vertriebsdruck, Kundenbegeisterung?[3]
5. Welche finanziellen Erwartungen an Umsatz und Profitabilität haben Sie?
6. Wie kann Ihr Geschäft am besten gemanagt und gesteuert werden – was sind die wichtigsten, messbaren Erfolgsfaktoren?

3. Was sind die Stärken, Schwächen, Chancen und Risiken für jedes der Geschäfte?

Für jedes Geschäft sollten Sie dann festlegen, welche Stärken und Schwächen Sie im Wettbewerbsvergleich haben und welche Chancen und Risiken daraus hervorgehen. Zugleich sollten Sie definieren, wie Sie die Stärken und Chancen nutzen und wie Sie mit den Schwächen und Risiken umgehen können und wollen.

Informationen sind wichtig

Ohne ausreichende Fakten kann vernünftigerweise keine tragfähige Strategie entwickelt werden. Dazu gehören folgende Informationen:

- Beschreibung, Entwicklung und Segmentierung der Märkte und Kunden,
- relevante externe Einflussfaktoren – PESTEL[4],
- Kundenverhalten und -entwicklung,
- aktuelle und potenzielle Wettbewerber,
- Daten zu eigenen Kosten und Leistungen.

---

[3]Siehe dazu auch die Ausführungen zu „Six Battlefields™" der Unternehmensberatung Mercuri International (https://mercuri.de).

[4]PESTEL beschreibt die für jedes Geschäft relevanten, externen Makrofaktoren aus den Bereichen Politik, Wirtschaft, Gesellschaft, Technologie, Umwelt und Gesetzgebung (Political-Economical-Sociological-Technological-Environmental-Legal).

2.3   Fünf Schritte zur Umsetzung der Hoshin-Philosophie

Hoshin Kanri baut also auf einer bereits erfolgten Strategiedefinition auf. Diese kann allerdings im Laufe ihrer Umsetzung – mit Hoshin Kanri und dort als eigenständiges Projekt – verfeinert und angepasst werden.

Wir sehen prinzipiell fünf Schritte zur Umsetzung der Hoshin-Philosophie.

1. Aufbauen einer aus der Vertriebs- und Unternehmensstrategie abgeleiteten Ziele-Kaskade, die von fünf bis sechs langfristigen, strategischen Zielen, den „North Stars" ausgeht und daraus die finanziellen Jahresziele (KPI) sowie operative Leistungsziele (KCI) ableitet
2. Umsetzen der Ziele-Kaskade in der X-Matrix des Hoshin-Instruments
3. Visualisieren und Zusammenführen aller Detail-Steuerungsinformationen in Tabellen des Hoshin-Instruments mit Zugriff für alle Beteiligten
4. Nutzen des Hoshin Kanri-Instruments für regelmäßige Managementteam-Sitzungen, in denen das Hoshin-Instrument „gelebt" wird
5. Einsetzen von Optimierungsinstrumenten zur Korrektur von Abweichungen.

> **Kaskadieren der Ziele**
>
> 1. Kaskadieren in Hoshin Kanri beginnt mit der Definition oder Ableitung der wichtigsten strategischen Ergebnisziele, wie z. B. Umsatz, EBIT, Marge – mit einem Zeithorizont von fünf bis maximal acht Jahren; diese Zeitspanne ist weit genug entfernt, um Dinge grundsätzlich ändern zu können und zugleich nah genug, um auch relevant zu sein. Diese Ziele sollten ambitioniert, aber dennoch realistisch sein. Sie sind der „North Star" der langfristigen Ausrichtung und Orientierung. Die Anzahl der strategischen Ziele sollte sich – da sind sich viele Autoren einig – auf fünf bis sechs „North Stars" beschränken.
> 2. Es folgt die Definition der finanziellen Jahresziele für alle zuvor festgelegten strategischen Ergebnisziele. Die Jahresziele können differenzierter als die strategischen Ziele sein, z. B. können Sie das Gesamt-Umsatzziel in Jahresziele für Deutschland und den Rest der Welt aufsplitten. Die Jahresziele nennen wir KPI – Key Performance Indicators. Für alle strategischen Ergebnisziele wird mindestens ein KPI benötigt.

3. Aus den strategischen Ergebniszielen/"North Stars" und den Jahreszielen/KPI werden Projekte[5] definiert, mit deren Hilfe diese Ziele sicher erreicht werden können. Für jedes Projekt werden Verantwortliche und ggfs. auch ihre Stellvertreter festgelegt.

4. Ergänzend und maßnahmenorientiert werden operative Steuerungs- oder Leistungsziele für jedes Projekt und jedes KPI-Ziel definiert und vereinbart. Diese operativen Steuerungsziele nennen wir KCI – Key Change Indicators[6].

5. Für die KCI werden in Hoshin Kanri nicht nur solche operativen Ziele vereinbart, die sicher erreicht werden können und "SMART"[7] sind, sondern gerade auch weitergehende, ambitionierte Ziele ("stretched goals") verwendet. Stretched Goals sind – wie bereits dargestellt – ein wesentliches Element der Hoshin Kanri-Philosophie.

6. Alle Elemente sind miteinander verbunden und beziehen sich aufeinander: So hat jedes strategische Ziel mindestens ein Jahresziel und mindestens ein Steuerungsziel sowie einen Verantwortlichen und gehört zu einem Projekt. Die Beziehungen können n:m-Beziehungen, sein, außer bei den Verantwortlichkeiten – dort kann immer nur eine Person für ein Ziel und ein Projekt die Verantwortung tragen.

---

[5]Auch Handlungsprioritäten oder Initiativen genannt.

[6]Auch TTI/"Targets to Improve" genannt.

[7]SMART-Kriterien der Zielvereinbarung: Spezifisch, Messbar, Attraktiv, Realistisch und Terminiert, d. h. es muss möglich sein, ein SMART-Ziel auch zu erreichen.

Das Hoshin Kanri-Instrument

3

Hoshin Kanri verwendet ein zentrales Steuerungsinstrument – oft als Excel-Datei realisiert – mit einer Vielzahl ergänzender Tabellenblätter. Eine Umsetzung als Webanwendung oder App ist möglich, jedoch nicht erforderlich. Eine zwingend vorgegebene Gestaltung des Hoshin Kanri-Instruments existiert nicht und ist auch nicht notwendig. So weicht die in diesem *essential* vorgeschlagene Ausgestaltung der X-Matrix geringfügig von anderen Entwürfen ab.

3.1 Die Hoshin Kanri X-Matrix

Genereller Aufbau

Die in Abb. 3.1 dargestellte X-Matrix ist Kern und oberste visuelle Ebene des Hoshin Kanri-Instruments. In ihr werden alle Elemente abgebildet und miteinander verbunden: die strategischen Ziele/„North Stars", KPI/Jahresziele, KCI/operative Ziele, Projekte und Verantwortlichkeiten.

Beispiel: Konkrete Ausgestaltung im Vertrieb der MaschBau GmbH

In Abb. 3.1 sind vier strategische Ziele für unsere Beispielfirma – das kleine Industrieunternehmen „MaschBau GmbH" – angegeben: Umsatzwachstum, Margenerhöhung, Verbesserung der Zahlungsziele und Senkung der Vertriebspersonalkosten. Diese strategischen Ziele sind konkret ausformuliert, wie z. B. beim ersten Ziel: „Umsatzwachstum von 52 Mio. EUR im Jahr 2018 auf 75 Mio. EUR im Jahr 2024" oder „Erhöhung der Marge von 15,6 Mio. EUR (30 %) im Jahr 2018 auf 26,3 Mio. EUR (35 %) im Jahr 2024".

Das strategische Umsatzwachstumsziel ist für das aktuelle Jahr als KPI auf die drei Regionen Deutschland, Europa und Rest-of-World heruntergebrochen,

© Springer Fachmedien Wiesbaden GmbH, ein Teil von Springer Nature 2019   11
P. Klesse, *Best Practice im Vertrieb durch Hoshin Kanri,* essentials,
https://doi.org/10.1007/978-3-658-27554-9_3

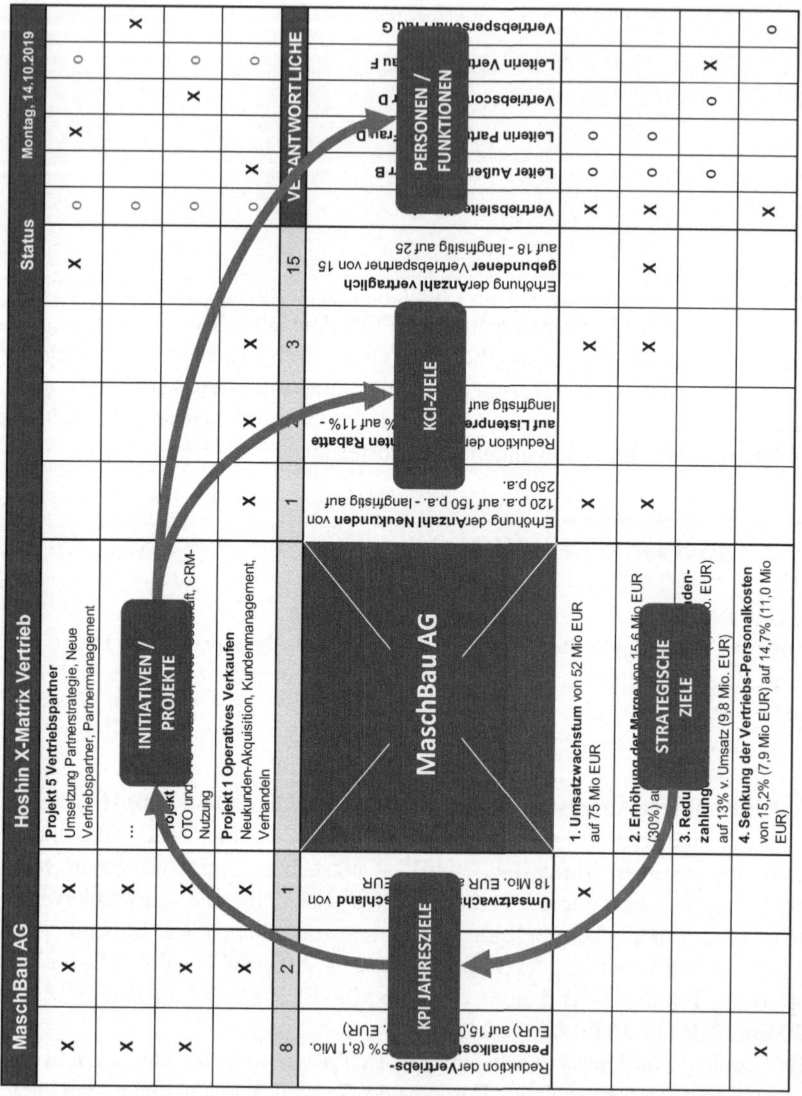

Abb. 3.1   Überblick X-Matrix

in denen die MaschBau GmbH aktiv ist, wie z. B. „Umsatzwachstum Deutschland von 18 Mio. EUR im Jahr 2018 auf 20 Mio. EUR im Jahr 2019". Hierbei werden die zu Jahresbeginn budgetierten, verbindlichen Werte[1] angegeben. Die KPI-Werte werden im Laufe des Jahres nicht angepasst und nicht z. B. durch quartalsweise ermittelte Vorhersagewerte ersetzt.

Im Beispielfall sind insgesamt fünf Projekte angegeben: „Operatives Verkaufen", „Prozesse und Steuerung", „Personalentwicklung", „Organisation und Führung" sowie „Vertriebspartner". Alle fünf Projekte sind für das strategische Ziel „Umsatzwachstum" wichtig.

Bei den operativen Leistungszielen/KCI sind eine Vielzahl von Zielwerten für das aktuelle Jahr sowie zusätzlich ein langfristiger Ausblick angegeben. Hierbei sollte es sich um „stretched goals" handeln, die verbindlich angestrebt werden müssen, jedoch so ambitioniert sind, dass sie möglicherweise nicht zu 100 % erreicht werden. Für das Jahres-Umsatzziel sind z. B. die operativen Leistungsziele/KCI „Erhöhung der Anzahl Neukunden von 120 p.a. im Jahr 2018 auf 150 p.a. im Jahr 2019 – langfristig auf 250 p.a." und „Erhöhung der Erfolgsquote abgegebener Angebote von 45 % im Jahr 2018 auf 48 % im Jahr 2019 – langfristig auf 55 %" angegeben. Im Beispiel der MaschBau GmbH sind diese KCI ausschließlich dem Projekt „Operatives Verkaufen" zugeordnet.

Rechts in der X-Matrix finden Sie die Verantwortlichen – üblicherweise als Person mit ihrer Funktion, also z. B. „Vertriebsleiter Herr K. Meyer". Das sind diejenigen, die für ein Projekt und zugleich für eines oder mehrere KPI und KCI verantwortlich sind. Im Beispiel sind die Verantwortlichen – stets nur eine verantwortliche Person, markiert mit einem „X" – ergänzt um Personen, die unterstützend tätig sind, markiert mit einem kleinen „o".

In Abb. 3.1 ist auch ersichtlich, wie in der X-Matrix die einzelnen Ziele durch ein „X" in Spalten und Zeilen aufeinander bezogen sind.

Die einzelnen Ziele und Projekte in der X-Matrix müssen aussagekräftig und eindeutig formuliert sein. Im Beispiel der MaschBau GmbH habe ich bewusst eine Unklarheit eingebaut: Es ist nicht angegeben, ob es sich beim Umsatzwachstum um die Entwicklung von Nettoumsatz oder Bruttoumsatz[2] handelt.

---

[1]Auch bei den KPI/finanziellen Jahreszielen könnten „stretched goals" angegeben werden, die nicht zwingend erreicht werden müssen – dies empfehle ich nicht, da es zu Problemen in der Abstimmung mit Controlling und Finanzbuchhaltung führen kann.

[2]D. h. ohne Abzug z. B. von Erlösschmälerungen.

3.2   Die Performance-Dashboards für KPI und KCI

Die X-Matrix stellt den Gesamtzusammenhang dar und visualisiert das Gesamtbild. Sie sollten die dort angegebenen Ziele laufend – üblicherweise monatlich – prüfen. Hierzu können Sie zwei „Performance-Dashboards" nutzen: eines für die Jahresziele (KPI) und eines für die operativen Leistungsziele (KCI).

Im Performance-Dashboard werden für jedes der Jahresziele (KPI und KCI) in einer Zeile Status und Entwicklung dargestellt. Die Bezeichnungen der Ziele werden üblicherweise direkt aus der X-Matrix übernommen. Es werden Startwerte und Zielwerte des Jahres, die erwarteten Veränderungen sowie Art und Quelle der Daten angegeben. Die Zielwerte für jeden Monat stehen in einer Zeile ebenso wie die bereits erreichten Ergebnisse des laufenden Jahres. Dies setzt voraus, dass Sie die Jahresziele zuvor – unter Berücksichtigung von Arbeitstagen, Ferien, etc. – auf Monate heruntergebrochen haben und dass klar unterschieden wird zwischen Zielen, die Monatswerte (z. B. durchschnittliche Mitarbeiterzahl) oder Monatsendwerte erfordern (z. B. Wert der Vertriebspipeline am Monatsende) und kumulierten Werten, bei denen die Monatsergebnisse aufaddiert werden, wie z. B. beim Umsatz üblich.

Hilfreich ist eine Farbmarkierung, mit der auf den ersten Blick deutlich wird, ob Ziele erreicht, über- oder unterschritten wurden. Diese farbliche Markierung erfolgt idealerweise automatisiert, wobei Schwellenwerte für die Farbmarkierungen eingegeben werden, wie am Beispiel der MaschBau GmbH deutlich wird.

Beispiel: Konkrete Ausgestaltung im Vertrieb der MaschBau GmbH
Abb. 3.2 zeigt ein KPI-Performance Dashboard der MaschBau GmbH – aufgebaut als einfache Excel-Tabelle und über Formeln verbunden mit der X-Matrix.

Am Beispiel des ersten KPI-Jahresziels „Umsatzwachstum Deutschland von 18 Mio. EUR im Jahr 2018 auf 20 Mio. EUR im Jahr 2019" wird deutlich, was die MaschBau GmbH im KPI-Performance Dashboard für das Umsatzziel Deutschland dokumentiert hat.

1. In den beiden Spalten „Start" und „Ziel" sind die Start- und Zielwerte für das Gesamtjahr angegeben – in diesem Fall der Jahresumsatz Deutschland des Vorjahres mit 18,0 Mio. EUR und der Zielumsatz für das gesamte Jahr 2019 mit 20,0 Mio. EUR.
2. Danach ist in den drei Spalten „Verbesserung" – automatisch errechnet – angegeben, wie die Veränderung im laufenden Jahr im Vergleich zum Vorjahr sein sollte: absolut für das Jahr (hier 2,00 Mio. EUR), absolut für jeden Durchschnittsmonat (hier 0,17 Mio. EUR) und in Prozent (hier 11,1 %).

| MaschBau GmbH | Vertrieb - 1. Ebene | | | | | | DASHBOARD KPI - Jahresfinanz-Ziele | | | | | | | | | | | | Status vom 14.10.2019 |

JAHRESZIELE	Werte		Verbesserungsziele			Kum. / Monat	Daten	Was	Jan	Feb	Mar	Apr	Mai	Jun	Jul	Aug	Sep	Okt	Nov	Dez
	Start	Ziel	absolut	pro M.	%															
Umsatzwachstum Deutschland von 18 Mio. EUR auf 20 Mio EUR	18,0	20,0	2,00	0,17	11,1%	Kum.	Herr A	Ist	1,8	3,4	5,0	6,9	8,1	10,2	12,3	13,8	15,2	17,5		
								Budget	1,8	3,4	5,1	6,8	8,3	10,0	11,8	13,7	15,3	17,1	18,8	20,0
Umsatzwachstum Europa von 22 Mio EUR auf 25 Mio EUR																				
Umsatzwachstum ROW von 12 Mio. EUR auf 15 Mio. EUR																				
Umsatzwachstum Gesamt von 52 Mio. EUR auf 60 Mio. EUR																				

Für alle KPI / jährliche Finanziele werden Ist- und Zielwerte angegeben als Monatswerte oder kumulierte Werte und sie monatlich nachverfolgt - wie in der ersten Ziele beipielhaft angegeben.

Dasselbe in einem ebenso aufgebauten Dashboard für die KCI / Operativen Steuerungsgrößen.

Abb. 3.2 KPI-Performance Dashboard

3. In den folgenden drei Spalten sind Art und Quellen der Daten angegeben. Im Beispiel wird der Umsatz kumuliert und nicht diskret/monatsweise angegeben. Verantwortlich für die rechtzeitige, korrekte Datenbereitstellung ist „Herr A.". In einer der beiden Umsatz-Zeilen werden die budgetierten Zahlen und darüber die aktuellen Werte – hier bis zum Monat Oktober – angegeben. Es ist auch möglich – sofern das Unternehmen im Laufe des Jahres mit Vorhersagen/Forecasts arbeitet –, in der oberen Zeile die Vorhersagewerte aller noch kommenden Monate einzutragen, beispielsweise in kursiver Schrift, was unser Beispielunternehmen jedoch nicht verwendet.

4. Die MaschBau GmbH setzt für alle Ziele einheitliche Schwellenwerte für automatische farbige Markierungen ein: Eine Zielüberschreitung um mehr als 2 % bewirkt eine grüne Markierung, eine Zielunterschreitung um mehr als 2 % eine rote Markierung. Sowohl die Werte als auch die Farben beziehen sich nur auf das Beispiel; sie können anders gewählt werden oder auch für jeden Zielwert anders sein. Berücksichtigt werden muss, dass „schlechter" auch ein zahlenmäßig höherer Wert sein kann, z. B. bei der Angabe der Vertriebskosten, wo ein „mehr" zugleich ein „schlechter" bedeutet.

Identisch aufgebaut, hier jedoch nicht erläutert, ist das Performance-Dashboard für die operativen Leistungsziele/KCI, wie etwa „Erhöhung der Anzahl Neukunden von 120 p.a. auf 150 p.a. …".

3.3   Die Aktivitäten-Boards für das Management der Initiativen und Projekte

X-Matrix und Dashboards dokumentieren alle Ziele und ihren Fortschritt. Projekte wurden definiert und eingesetzt, damit diese Ziele auch sicher erreicht werden. Insbesondere, wenn die Zielerreichung nicht „business as usual" bedeutet und die „stretched goal"-Ziele ambitioniert sind.

Im Beispiel der MaschBau GmbH hatten wir fünf Projekte definiert.

Jedes dieser Projekte hat ein „Aktivitäten-Board", die alle ähnlich aufgebaut sein sollten, um die Vergleichbarkeit und Diskussion im Managementteam zu erleichtern. Das Aktivitäten-Board im Beispiel der MaschBau GmbH – siehe Abb. 3.3, angepasst an eine Vorlage von Artmann (2016) – ist in Excel erstellt, wobei einzelne Zellen mit der X-Matrix verbunden und automatische Excel-Formatierungen – z. B. für Terminüberschreitungen – eingebaut sind.

MaschBau GmbH	AKTIVITÄTEN-BOARD	Status vom Montag, 14. Oktober 2019	
PROJEKT-NAME		VERANTWORTLICH	*Verantwortliche und Beteiligte*
BEREICH		BETEILIGTE	
BESCHREIBUNG	*Detailangaben zum Projekt*	Aktueller Handlungsfokus	*Konkrete nächste Schritte in diesem Projekt*
KCI = OPERATIVE STEUERUNGSGRÖSSEN			

Gruppe		AKTIVITÄTEN	MASSNAHME / MASSNAHMEN-GRUPPE	PERSONEN	ENDE	STATUS	KOMMENTARE
A	-	5 Aktivitäten	Gruppe A: DATEN-BEREINIGUNG				
A.	1	Aufgabendefinition	*Genaue Beschreibung zu den 5 Aufgaben der Gruppe A:*				
A.	2	Support finden	*- Aufgabenbeschreibung*				
A.	3	Beauftragen	*- Beteiligte und Verantwortliche* *- Endtermin mit farbiger Markierung bei Terminüberschreitung*				
A.	4	Umsetzen	*- Status von 0% bis 100%*				
A.	5	Testen	*- ggfs. Kommentare*				
B	-	4 Aktivitäten	Gruppe B: UMSETZUNG PRICING-INSTRUMENT				
B.	1	Testen					
B.	2	Trainingsunterlagen	*Genaue Beschreibung zu den 4 Aufgaben der Gruppe B*				
B.	3	Pilotgruppe					
B.	4	Ausrollen					

Abb. 3.3 Aktivitäten-Board

Kopfzeilen des 2. Projekts „Prozesse und Steuerung" im Vertrieb der MaschBau GmbH

In den Kopfzeilen des Dashboards werden Erläuterungen angegeben, die das Projekt beschreiben und die nicht verändert werden:

1. In den ersten Zeilen: Bezeichnung des Projekts, z. B. „2. Optimierung operativer Prozesse und Vertriebssteuerung", Datum der letzten Änderungen und die Verantwortlichkeit

2. Beschreibung des Projekts, z. B. „Professionalisierung aller operativen Vertriebsprozesse und Instrumente in OTO und OTC[3]; dazu gehören Planungs- und Steuerungsprozesse sowie Training und Nutzung durch die Anwender; dazu gehört der Ausbau des Web-basierten Geschäfts für Kunden und die tägliche CRM-Nutzung im Innendienst und Außenverkauf".

3. Danach sind die zu diesem Projekt gehörenden KCI-Steuerungsgrößen aus der X-Matrix übernommen, z. B. „Reduktion der Dauer der Angebotserstellung von 12 Tagen auf 10 Tage – langfristig auf 3 Tage".

4. Rechts und in Rot werden die jeweils aktuellen Handlungsschwerpunkte dieser Initiative angegeben, wie z. B. „Training Pricing-Instrument".

Einzelne Aktivitäten des 2. Projekts „Prozesse und Steuerung" im Vertrieb der MaschBau GmbH

Unterhalb der Kopfzeilen sind alle Aktivitäten detailliert aufgelistet und ihr aktueller Stand dokumentiert:

1. Alle Aktivitäten sind als Maßnahmen beschrieben und in Maßnahmengruppen eingruppiert, z. B. als erste Maßnahmengruppe „Daten-Bereinigung … Sicherstellen, dass in allen Prozessen mit korrekten, vollständigen Daten gearbeitet wird".

2. Die erste Aktivität „Aufgabendefinition" wird inhaltlich beschrieben, es werden Verantwortliche sowie ggfs. Unterstützer, der Endtermin und der Bearbeitungsstatus in Prozent angegeben. Zugleich können Kommentare eingefügt werden.

3. Immer dann, wenn der geplante Endtermin einer Maßnahme vor dem aktuellen Statusdatum liegt – die Aktivität also bereits erledigt sein sollte, sie aber

---

[3]OTO = Prozesse „Opportunity-to-Order" (von der Verkaufschance zum Auftragseingang), OTC = Prozesse „Order-to-Cash" (von der Auftragsannahme zum Geldeingang).

noch nicht zu 100 % erledigt ist – markiert dieses Excel-Tool die Maßnahme automatisch Rot.
4. Im Beispiel der MaschBau GmbH sind mit Excel-Bordmitteln weitere automatische Formatierungen und Nummerierungen eingebaut, um die Übersichtlichkeit zu erhöhen.

3.4 Erweiterungen des Hoshin Kanri-Instruments

Im Beispiel der MaschBau GmbH sind alle Tabellen des Hoshin Kanri-Instruments Teil einer einzigen Excel-Datei. Diese kann weitere Tabellen und Grafiken enthalten, wie etwa die Zusammenfassung der Sales- und Projekte-Pipeline, eine Neuprodukt- und Innovationen-Pipeline, eine Auflistung von Investitionsmaßnahmen (Capex-Pipeline), eine Pipeline zu Mitarbeiter-Neueinstellungen oder andere Elemente aus einem vielleicht bereits bestehenden tagesaktuellen Vertriebs-Dashboard.

Eine einzige Datei hat den Vorteil, dass alle Elemente einfach verknüpft werden können und auf einem Stand sind – zugleich aber auch den Nachteil, dass dadurch immer nur eine Person an der Datei arbeiten kann, um keine Versionsprobleme hervorzurufen, die durch gleichzeitige Bearbeitung durch mehrere Personen entstehen können.

Das Hoshin Kanri-Instrument ist Voraussetzung und Werkzeug für die Arbeit mit Hoshin Kanri, es reicht aber nicht aus. Der Fokus liegt in der sorgfältigen Einführung und Umsetzung sowie der kontinuierlichen Nutzung – Hoshin Kanri muss gelebt werden, wie Sie auch bereits in Abschn. 2.1 mit den Kern-Elementen der Hoshin Kanri-Philosophie lesen konnten.

Nach der Erkenntnis und Entscheidung „wir müssen etwas machen im Vertrieb" (oder im gesamten Unternehmen) muss Hoshin Kanri eingeführt werden. Dies geschieht häufig in einem Umfeld, das weder mit Hoshin Kanri Erfahrung hat noch mitarbeiterorientierte, agile, zahlenbasierte und bereichsübergreifende Arbeit gewohnt ist.

4.1   Aufbau von Hoshin Kanri

Einführungsstrategie und -prozesse eines Managementsystems werden sich unternehmensindividuell unterscheiden. Sie hängen von der Organisationsgröße, Komplexität und der Erfahrung/Expertise ab, auf die aufgebaut werden kann. Ist ein externer Coach an Bord? Gibt es Hoshin Kanri-erfahrene Mitglieder des Managementteams? Soll Hoshin Kanri nur im Vertrieb – vielleicht auch nur für ein Land – oder unternehmensweit eingeführt werden? All dies spielt eine Rolle.

Wir haben gute Erfahrungen mit dem nachfolgend im Detail und in Abb. 4.1 erläuterten fünfstufigen Vorgehen gemacht.

Vorweg: Für die Anpassung des Instruments an Ihr Unternehmen, für Einführung, Start und die ersten Monate mit Hoshin Kanri sollten Sie über die Begleitung und anfängliche Leitung durch einen erfahrenen Hoshin Kanri-Spezialisten nachdenken, der seine Rolle nach und nach an ein Mitglied des (Vertriebs-) Managementteams übergibt. Dieser Experte kann Externer sein oder

© Springer Fachmedien Wiesbaden GmbH, ein Teil von Springer Nature 2019   21
P. Klesse, *Best Practice im Vertrieb durch Hoshin Kanri*, essentials,
https://doi.org/10.1007/978-3-658-27554-9_4

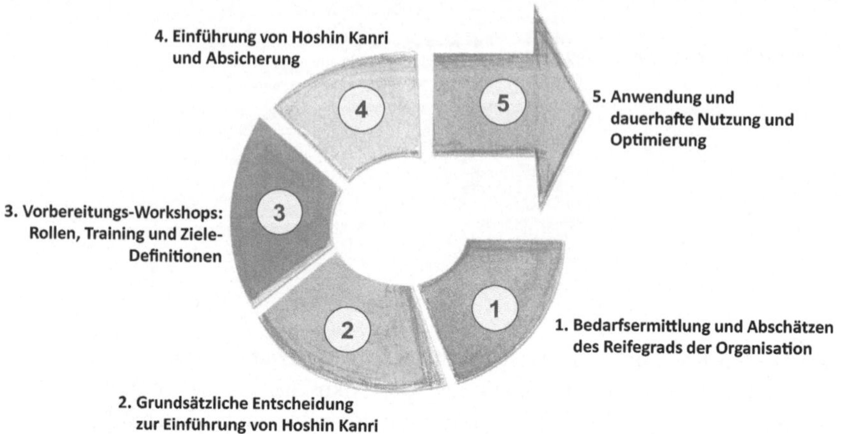

Abb. 4.1 Fünfstufiger Prozess zur Einführung von Hoshin Kanri

aus anderen Bereichen Ihres Unternehmens „sentliehen" werden. Die Einführung von Hoshin Kanri ist ein Projekt und benötigt daher eine entsprechende Projektorganisation mit Verantwortlichen, Zeit- und Budgetplan sowie ausreichenden Ressourcen.

4.1.1 Bedarfsermittlung und Abschätzen des Reifegrades der Organisation

Ohne guten Grund sollte (und kann) man keine größere Aufgabe erfolgreich beginnen. Fragen Sie sich also zuerst: Was wollen wir umsetzen/realisieren? In welchem Bereich? Wer sollte eingebunden sein? Was ist der Zeitrahmen? Vor allem: Warum möchten wir eine Methode/ein Instrument einführen und dafür Zeit und Geld investieren und Risiken in Kauf nehmen? Was sollte der qualitative und quantitative Nutzen sein und wie wollen wir ihn später messen?

Darüber hinaus: Benötigen Sie nur ein Vertriebs-Dashboard/Vertriebs-Cockpit wie es Pufahl (2015) vorschlägt oder vielmehr eine Methode, mit der Sie Ihren Vertrieb mittelfristig managen und Ihre Vertriebsstrategie optimieren und umsetzen können, die Zusammenhänge, Maßnahmen und Verantwortlichkeiten aufzeigt?

Spricht alles für „mehr als nur ein Vertriebs-Cockpit", muss die Frage nach dem Reifegrad und der Bereitschaft/Fähigkeit der Organisation gestellt werden, z. B. durch die Beantwortung der folgenden zehn Fragen:

1. Sind Ihre Führungskräfte und Mitarbeiter bereit und fähig zu einem transaktionalen, partizipativen Führungsstil oder herrscht eine reine Top-down-/Anweisungs-Mentalität vor?
2. Können und wollen sich die Beteiligten auf Ziele einlassen, die nicht zu 100 % erreicht werden können oder müssen alle Ziele SMART – Spezifisch, Messbar, Attraktiv, Realistisch und Terminiert – sein?
3. Ist die Organisation bereit und fähig zu einem agilen Vorgehen oder muss es immer die klassische „Wasserfall"-Abfolge von Lastenheft und Pflichtenheft sein?
4. Werden sich Ihre Entscheidungsgremien einschließlich der Arbeitnehmervertretung auf ein derartiges Vorgehen einlassen wollen oder hat man Angst, z. B. vor Leistungsüberwachung?
5. Ist Ihre Organisation projektfähig/projekterfahren genug oder ist man bisher reines Abteilungs-/Silodenken gewohnt?
6. Hat Ihre Organisation Erfahrung in Prozessoptimierung oder werden Prozesse nur von einer isolierten QM-Abteilung für die nächste ISO-Zertifizierung „gepflegt"?
7. Sind es die Beteiligten gewohnt, Vorgänge quantitativ zu analysieren, zu bewerten und die Analyseergebnisse zu berücksichtigen oder agiert man typischerweise auf der Basis von Bauchgefühl und Meinungen?
8. Gibt es bereits Erfahrungen in den für Hoshin Kanri benötigten und in Abschn. 4.3 beschriebenen Optimierungsmethoden, wie Kaizen oder Lean Six Sigma oder betritt das Unternehmen (auch) damit Neuland?
9. Ist die Organisation emotional unbelastet oder gibt es Misserfolgstories aus der Einführung anderer Managementmethoden, wie etwa der Balanced Scorecard?
10. Gibt es im Unternehmen und bei den Beteiligten Personen, die – im weitesten Sinne – als Experten angesehen werden können oder fangen alle bei null an?

Je mehr Fragen Sie mit „Ja" beantworten können, desto einfacher wird die Einführung Ihres Hoshin Kanri-Managementsystems. Viele „Nein" oder „nicht wirklich" erhöhen das Einführungsrisiko, den Zeitaufwand sowie Notwendigkeit und Umfang externer Unterstützung.

4.1.2 Grundsätzliche Entscheidung zur Einführung von Hoshin Kanri

Wenn alles für die Einführung eines Managementsystems im Vertrieb spricht, bleibt die Frage: Welches? Hoshin Kanri, Objectives and Key Results oder Balanced Scorecard – oder eine Mischung daraus? Unser Ratschlag ist: Je mehr Expertise/Erfahrung zu einer der Methoden bereits im Unternehmen vorhanden ist, desto mehr spricht für diese entsprechend bekanntere Methode … es muss also nicht zwingend Hoshin Kanri sein.

Zur grundsätzlichen Entscheidung muss eine Investitionsentscheidung getroffen werden, da gerade in der Einführungsphase nicht (nur) „Quick Wins", d. h. unmittelbar ergebniswirksamer Nutzen erwartet werden kann, sondern auch Management zeit, ggfs. Kosten für eine externe Begleitung und Training, Investition und Kosten für neue IT-Systeme (die die dringend benötigten Zahlen liefern) und die Arbeitszeit der Mitarbeiter in der Einführungs- und Übungsphase anfallen. Zur Abschätzung des Aufwands können Sie eine klassische, aufwendige Kostenberechnung durchführen oder die Kosten durch die von Sutherland (2015) beschriebene Methode Scrum-Poker[1] abschätzen – soweit sich die Kosten im Vorfeld überhaupt sinnvoll ermitteln lassen.

Basierend auf der positiven Entscheidung für die Einführung von Hoshin Kanri sowie den Zeit- und Investitionsrahmen sollten Sie dann unmittelbar umfassend informieren und kommunizieren – alle Betroffenen sollten wissen, worum es sich handelt, was auf sie zukommt und welche Erwartungen an die Einführung von Hoshin Kanri geknüpft sind. Idealerweise wird dazu eine Fallstudie vorgestellt und kritische Fragen werden offen aufgenommen und beantwortet.

Dies ist auch der Zeitpunkt, eine Namensgebung für die Einführung von Hoshin Kanri vorzunehmen. Die MaschBau GmbH aus unserem Beispiel könnte sich also – außer für den Namen Hoshin Kanri – auch für „MVS/MaschBau-Vertriebs-System" entscheiden, was die Akzeptanz im Unternehmen erhöhen könnte.

4.1.3 Vorbereitungs-Workshops: Rollen, Training und Ziele-Definitionen

Als erster Schritt zum Aufbau von Hoshin Kanri sollten Sie einen Strategieworkshop mit dem (Vertriebs-) Managementteam durchführen. Dieser

---

[1]Scrum Poker oder Planning Poker ist eine aus Wideband Delphi abgeleitete Methode, um in Scrum-Projekten schnell eine valide Kostenabschätzung zu erhalten.

auch in Abschn. 2.2 beschriebene Strategie-Workshop sollte sich weniger mit der Theorie von Hoshin Kanri beschäftigen, als vielmehr – im Sinne von Learning-by-Doing – gleich mit dem Aufbau der X-Matrix starten und zugleich Training-on-the-Job sein. Themen für diesen Workshop sollten/könnten sein:

1. Welche strategierelevanten, mittelfristigen Ziele wurden bereits festgelegt und vereinbart?
2. Sind diese Ziele sicher, begründet und ambitioniert genug?
3. Kann man diese strategierelevanten Ziele („North Stars"), auf fünf bis sechs reduzieren?
4. Können diese Strategieziele auf finanzielle Ziele für das laufende Jahr heruntergebrochen werden?
5. Gibt es zur Erreichung der Jahres- und der strategischen Ziele (KPI) bereits operative Zielgrößen/KCI?
6. Dort, wo diese fehlen, können Sie kurzfristig ermittelt/festgelegt werden?
7. Welche Projekte müssten sich um die Erreichung der KPI und KCI kümmern?
8. Wer sollte für die Erreichung der Ziele und die Projekte verantwortlich sein und wer sollte dabei unterstützen?

Diese Fragen zu beantworten, wird nicht immer einfach sein. Aber, keine Sorge: Es ist unkritisch, wenn im ersten Ansatz noch nicht alles perfekt ist. Dafür ist Hoshin Kanri agil und gemäß PDCA in der Lage, aus Erfahrungen und Bewertungen zu lernen und entsprechend zu optimieren.

Für diese Workshops haben wir gute Erfahrung mit der u. a. von Drews (2010) beschriebenen Methode „WBS/Work-Breakdown-Structure[2]" gemacht. Eine WBS sieht aus – siehe der Ausschnitt in Abb. 4.2 – wie ein Organigramm, hat also eine Baumstruktur. In jedem Knoten steht die Information, *was* getan/ erreicht werden soll und ggfs. *warum* – nicht jedoch *wann, wie* und *durch wen*. Sie wird von oben nach unten gelesen: *Was* muss auf der zweiten Ebene getan und erreicht werden, damit das *Was* auf der ersten Ebene erreicht werden kann? Dasselbe gilt für die Herleitung der Knoten der zweiten Ebene durch *Was* auf der dritten Ebene. In Abb. 4.2 müssen beispielhaft für das strategische Ziel eines Umsatzwachstums von 52 Mio. EUR auf 75 Mio. EUR in fünf Jahren (1. Ebene) u. a. die Zahl der Kunden um 3 % erhöht (2. Ebene) und dazu auf der 3. Ebene der Verlust/Weggang bestehender Kunden auf 8 % reduziert werden.

---

[2]Die WBS/Work-Breakdown-Structure wird auch Projektstrukturplan genannt.

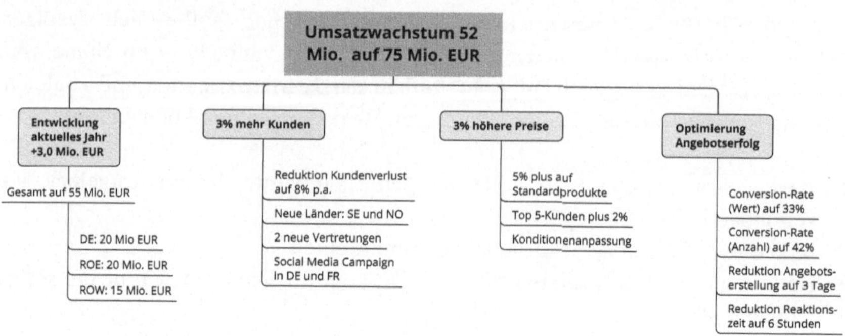

Abb. 4.2 WBS/Work-Breakdown-Structure

Für jedes strategische Ziel/jeden „North Star" können Sie im Workshop je eine WBS aufbauen. Alternativ – allerdings schnell unübersichtlich – können Sie auch die gesamte X-Matrix in einer einzigen WBS entwickeln und darstellen. Wichtig ist, dass die WBS partizipativ vom Managementteam aufgebaut wird und nicht der Eindruck von Top-down-Vorgaben entsteht.

Idealerweise gibt es für den Einstieg und die ersten Schritte in Hoshin Kanri einen Moderator, der die Ergebnisse des/der Workshop(s) gleich in die X-Matrix „übersetzt". Mit seiner Erfahrung soll er das Managementteam anleiten und – im Sinne von Coaching – einzelne Ergebnisse/Festlegungen kritisch hinterfragen. Die Verantwortung für die Workshopergebnisse verbleibt allerdings bei Ihrem Managementteam und nicht beim Moderator.

Am Ende haben sie alle Elemente der X-Matrix – zumindest vorläufig – festgelegt. Bei einer durchschnittlichen Organisation kann die X-Matrix in ein bis drei Workshoptagen – plus Bearbeitung durch den Moderator – fertiggestellt sein.

4.1.4 Einführung von Hoshin Kanri und Absicherung

Nachdem die X-Matrix in den Workshops aufgebaut wurde, können Sie mit ihr arbeiten, wie weiter unten in Abschn. 4.2 unter „Managementprozesse" beschrieben. Vier Arbeitsschritte sind dazu nötig.

1. Aufbau der Performance-Dashboards für KPI und KCI, wie in Abschn. 3.2 beschrieben – meist in Zusammenarbeit mit Controlling-Mitarbeitern (die meist keine Mitglieder des Managementteams sind).

2. Aufbau der Aktivitäten-Boards, wie in Abschn. 3.3 beschrieben, für jedes Projekt durch den jeweiligen Projekt-Verantwortlichen – möglichst mit einheitlicher Struktur, und ggfs. unterstützt durch einen Excel-Erfahrenen oder den Moderator.

3. Einführen ergänzender Dashboards, wie in Abschn. 3.4 beschrieben – was aber auch zu einem späteren Zeitpunkt geschehen kann.

4. Durchführen der ersten Managementteam-Meetings wie in Abschn. 4.2 beschrieben. Zu Beginn werden deren Taktung häufiger und die Dauer länger sein als nach der erfolgreichen Einführung. Jeder sollte dabei die Möglichkeit haben, Instrument und Prozesse zu verstehen und einen eigenen Beitrag zu leisten.

Sie sollten sich einerseits ausreichend Zeit für das Mitnehmen von Nachzüglern lassen, andererseits aber nicht zu viel Zeit mit ihnen verbringen. Sonst frustrieren Sie die restlichen Mitglieder des Managementteams durch das Gefühl, übermäßig viel Zeit in den Sitzungen zu verlieren. Bei Bedarf wird der Moderator einzelnen Teammitgliedern individuell helfen, Prozesse und Instrumente zu verstehen und zu erlernen.

4.1.5 Anwendung und dauerhafte Nutzung und Optimierung

Es wird einige Runden und Anpassungen brauchen, um das Hoshin Kanri-Managementsystem sicher zu etablieren. Wie bereits erwähnt, werden viele KCI-Ziele nicht erreicht werden. Das ist nicht nur kein Problem, sondern gut so, da andernfalls die Ziele möglicherweise nicht ambitioniert genug gesetzt waren. Sollten Ziele – KPI oder KCI – dauerhaft verfehlt werden, müssen Sie Korrekturmaßnahmen ergreifen, wie in Abschn. 4.3 beschrieben. Obwohl Hoshin Kanri nicht nach persönlichem Verschulden fragt, können personelle Konsequenzen dennoch erforderlich werden, z. B. wenn.

- eine Person mit Abweichungen/Zielverfehlungen im eigenen Verantwortungsbereich emotional nicht umgehen kann,
- einzelne Personen andere Verantwortliche persönlich attackieren und sich Sachfragen verweigern,
- eine verantwortliche Person weder Erklärungen weiß noch Maßnahmen vorschlägt, sondern die Schuld stets bei Dritten sucht.

Darüber hinaus kann es sinnvoll sein, ein- bis zweimal im Jahr ein Review des Hoshin Kanri-Managementsystems vorzunehmen und korrektive Maßnahmen zu ergreifen. Lernen und Weiterentwickeln ist Kern und wesentlicher Nutzen aus der Anwendung von Hoshin Kanri.

4.2   Hoshin Kanri-Managementprozesse

Hoshin Kanri muss „leben". Dieses „Leben" findet sowohl im Managementteam als auch in den einzelnen Projekten statt.

Managementteam-Sitzungen

In den (Vertriebs-) Managementteam-Sitzungen arbeiten Sie anhand des Hoshin-Instruments. Jeder Teilnehmer/Verantwortliche bereitet sich anhand des Hoshin Kanri-Instruments vor, hat seinen Bereich rechtzeitig aktualisiert, d. h. aktuelle Daten eingetragen.

Dauer und Taktung der Managementteam-Sitzungen bestimmen Sie unternehmensspezifisch. Wir haben gute Erfahrung damit gemacht, sich nach Veröffentlichung der Zahlen für den Vormonat auf die KPI- und KCI-Boards zu konzentrieren. In den anderen Sitzungen – z. B. wöchentlich 1 bis 1,5 h – wird der Fokus auf jeweils ein Projekt und sein Maßnahmenboard gelegt.

Idealerweise werden Diskussionsergebnisse und Änderungen gleich in das Hoshin Kanri-Instrument eingetragen oder/und unmittelbar als Protokoll bereitgestellt. Denken Sie zudem an geeignete Visualisierungen. Sonstige Regularien sind unternehmensindividuell, z. B. wie Sie mit Abwesenheiten umgehen und ob alle Teilnehmer anwesend sein müssen oder per Videokonferenz gearbeitet werden kann.

Vorbereitungen

Die Verantwortlichen sind für die Definition, Umsetzung und Dokumentation der Projektunterlagen zuständig, rechtzeitig vor den Managementteam-Sitzungen. Die Daten-Zuständigen für die KPI- und KCI-Boards – das müssen nicht unbedingt die Verantwortlichen für die Projekte sein – pflegen rechtzeitig nach Monatsende die entsprechenden Zahlen ein.

Kommunikation

Nicht alle Betroffenen werden auch an den Managementteam-Sitzungen teilnehmen, zumal in größeren Vertriebsorganisationen. Umso wichtiger ist es, dass Sie schnell und umfassend über Zielerreichung, -verfehlung und Korrekturmaßnahmen informieren, wie es auch bei Kaizen auf Produktionsebene üblich ist. Wichtig sind (sinnvolle) grafische Umsetzungen der wichtigsten KPIs/KCIs oder andere, zum Unternehmensstil passende, Kommunikationsmittel.

4.3 Prozesse und Methoden zur Behebung problematischer Abweichungen

Es ist grundsätzlich „Okay" und zugleich Kern von Hoshin Kanri, wenn aktuelle KCI-Istwerte von den KCI-Zielen abweichen – selbst mehrfach. Zeigt es doch Verbesserungspotenziale auf und beweist, dass ihre Ziele tatsächlich ambitioniert waren. Würden Sie stets alle Ziele quasi automatisch erreichen, bräuchten Sie möglicherweise gar keine Managementmethode wie Hoshin Kanri – vermutlich hatten Sie aber einfach nur Ziele gesetzt, die nicht ambitioniert genug waren.

4.3.1 Abweichungen

Grundsätzlich gibt es zwei Gründe für Abweichungen:

1. Die Ziele waren aus unterschiedlichen Gründen falsch gesetzt oder können im Zeitverlauf aus externen Gründen nicht mehr erreicht werden. Gründe hierfür können neue Wettbewerber, Veränderungen im Markt, nicht behebbare Beschaffungsprobleme von Vorlieferanten, Gesetzesänderungen oder ein Betriebsausfall sein.
2. Das Unternehmen oder die Verantwortlichen haben ineffizient oder uneffektiv gearbeitet, Probleme nicht gesehen oder unangemessen auf Schwierigkeiten reagiert.

Das Erkennen von Problemen, die Identifikation und Umsetzung von Lösungsansätzen ist Kern von Hoshin Kanri. Drei Grundprinzipien von Hoshin Kanri sind ausschlaggebend für den Erfolg bei der Hebung von Optimierungspotenzialen:

1. **Partizipation:** Lösungen werden nicht von oben herab verordnet, sondern von den Mitarbeitern erarbeitet, also von denjenigen, die sich mit den Problemen und ihren Ursachen tatsächlich auskennen. Dazu müssen diese Mitarbeiter qualifiziert sein und vom Management in die Lage versetzt werden, kritische Fragen zu stellen und Entscheidungen zu treffen.

2. **Faktenbasiertes Arbeiten:** Bloße Meinungen und Erfahrungen mögen gelegentlich bereits zu Lösungen führen. Wichtig ist aber, allen Problemen analytisch auf den Grund zu gehen. Hierzu gehören Zahlenanalysen, Vor-Ort-Begleitung, Einzelfallbetrachtungen, interne und externe Vergleiche sowie Gespräche mit Betroffenen – Kunden, Lieferanten, Partnern und eigenen Kollegen.
3. **Methoden-orientiertes Vorgehen:** Es gibt erprobte Problemlösungsmethoden, die auf standardisiertem Vorgehen und nicht bloß auf der Expertise einzelner Personen beruhen.

4.3.2 Problemlösungsansätze

Hoshin Kanri ist eng verwandt mit Lean Management, Six Sigma, Kaizen, Deming-Circle und anderen Optimierungsmethoden. Im Folgenden reißen wir einige dieser Methoden an, ohne sie in diesem *essential* tiefergehend und befriedigend erläutern zu wollen und zu können.

Pareto-Diagramm oder ABC-Analyse

Nach dem Pareto-Prinzip bewirken 20 % der Fälle 80 % der Effekte oder Ergebnisse. Das Prinzip ist weitgehend bekannt und wird oft auch trivial eingesetzt. Das Pareto-Diagramm basiert auf einer dreistufigen Anwendung des Pareto-Prinzips. Ausgangspunkt ist eine Fehleranalyse, nach der die Häufigkeit und die Details eines Problems erfasst und klassifiziert werden, z. B. für den Fehler der MaschBau GmbH „Angebotserstellung Standardprodukt dauert länger als eine Woche".

Es werden zuerst die Top 80 % der Fehlereffekte identifiziert, die im Beispiel u. a. aus den Ursachen „Personalmangel Vertrieb", und „Fehlende Informationen von Vorlieferanten" bestehen. Für diese 80 % Fehlereffekte wird in einer zweiten Stufe erneut nach den Ursachen gefragt. Im Beispiel der MaschBau GmbH waren bei den Top 80 % Effekten der zweiten Stufe die drei Hauptursachen „Krankheit im Technischen Vertrieb", „Problemlieferant XY Elektromotoren" und „Offene Stellen im Servicecenter". Für diese drei Hauptursachen der zweiten Stufe wird erneut eine Pareto-Analyse durchgeführt, die in der dritten Stufe zu den drei Ursachen für 80 % der Haupteffekte führten: „Unterbesetzung in der Personalabteilung", „Neuer Verkäufer bei Lieferant XY" und „Defekte Heizung im Technischen Vertrieb".

Wenn nun konkret für diese drei Hauptursachen der dritten Ebene nach Lösungen gesucht wird, ist damit bei hoher Wahrscheinlichkeit bereits ein großer Hebel gefunden, um die Angebotserstellung zu beschleunigen. Siehe dazu auch Abb. 4.3.

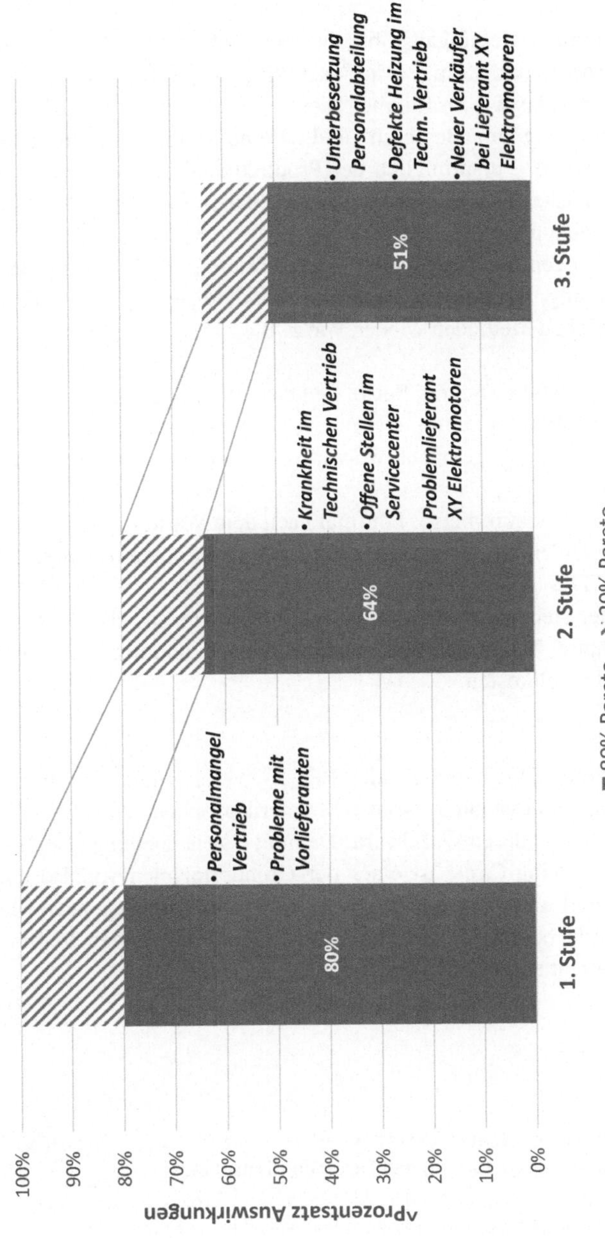

Abb. 4.3 Pareto-Diagramm Methode

Kaizen

Hoshin Kanri beruht, wie eingangs beschrieben, auf den Erfahrungen mit Bridgestone Tires, Toyota und Komatsu im Nachkriegs-Japan und ist eng mit Kaizen verwandt. Kaizen – das wir im Rahmen dieses *essential* nicht vertiefen können – bedeutet „Veränderung zum Besseren" und ist eine Methode zur inkrementellen, stetigen Verbesserung – ursprünglich der Produktionsprozesse – unter Einbezug der Mitarbeiter. Diese sind die Betroffenen und haben die besten Kenntnisse des eigentlichen Arbeitsprozesses.

Kaizen hat fünf zentrale Grundlagen: Prozessorientierung, Kundenorientierung, Qualitätsorientierung, Kritikorientierung und Standardisierung. Diese Grundlagen finden sich in etlichen Methoden wieder, wie z. B.

1. 5S-Bewegungen: Seiri, Seiton, Seiso, Seiketsu und Shitsuke[3].
2. 7W-Checkliste: Was ist zu tun, wer macht es, warum macht er es, wie wird es gemacht, wann wird es gemacht, wo wird es getan, wieso wird es nicht anders gemacht?
3. 5W-Fragen oder Genkin-butso: Fünfmal nach dem Warum fragen.
4. Drei Mu vermeiden: als Grundlage der Verlustphilosophie des Toyota Production Systems TPS (Muda, Mura, Muri[4]).
5. Vermeiden der sieben Muda: Überproduktion, Wartezeit, überflüssiger Transport, fehlerhafte Teile, überhöhte Lagerhaltung, unnötige Bewegung und ungünstige Herstellkosten.

Deming-Circle

Der Deming Circle, Demingkreis oder PDCA-Zyklus wurde als Methode der vierphasigen Weiterentwicklung vom US-amerikanischen Physiker Walter A. Shewhart erfunden und durch W. Edwards Deming – siehe Deming (1982) – weiterentwickelt. Der Deming-Circle ist eines der Grundprinzipien von Hoshin Kanri, Kaizen, Scrum und anderer Optimierungs- und Qualitätsmanagement-Methoden. Der Deming-Circle beschreibt die Phasen eines kontinuierlichen Verbesserungsprozesses und besteht aus vier Phasen.

---

[3]Auf Deutsch: Ordnung schaffen (Seiri), Ordnung lieben (Seiton), Sauberkeit (Seiso), persönlicher Ordnungssinn (Seiketsu) und Disziplin (Shitsuke).
[4]Auf Deutsch: Verschwendung (7 Muda), Abweichung in Prozessen und Unausgeglichenheit (Mura) und Überlastung von Mitarbeitern und Maschinen (Muri).

1. Plan – Planen: Ein Prozess oder eine Aufgabe müssen vor ihrer Ausführung/ Umsetzung geplant werden: Ausgangsbasis, Verbesserungspotenziale, Konzept, Weg der Umsetzung.
2. Do – Machen/Testen: Ausprobieren und Umsetzen der Planung, schnell und mit einfachen Mitteln unter intensiver Einbindung der Betroffenen.
3. Check – Prüfen: Prüfen, ob der Plan durch die Ausführung realisiert werden konnte und falls ja, freigeben des Plans.
4. Act – Umsetzen: Entweder Umsetzen des Plans auf breiter Ebene oder Korrektur des Plans für einen erneuten PDCA-Zyklus.

Agiles Arbeiten

Agiles Arbeiten/Scrum ist eine Methode des Produkt- oder Projektmanagements und stammt ursprünglich aus der Software-Produktentwicklung. Scrum verwendet vier Ereignisse[5], drei Artefakte[6] und drei Rollen[7] und wird auch als agile Produktentwicklung bezeichnet, s. Sutherland (2015).

In der herkömmlichen Methode der Produktentwicklung wird zuerst durch den Auftraggeber versucht, 100 % seiner Anforderungen in einem Lastenheft zu dokumentieren. Dieses Lastenheft wird dann potenziellen Auftragnehmern/ Leistungserbringern übergeben, die in einem Pflichtenheft konkret beschreiben, wie sie die Anforderungen des Lastenhefts zu welchem Preis erfüllen wollen und sich damit um die Auftragsvergabe bewerben. Problem dieses auch Wasserfall-Methode genannten Vorgehens ist, dass es bei neuen Aufgabenstellungen zu Beginn fast immer schwierig bis unmöglich ist, vorab alle Anforderungen zu kennen und zu dokumentieren. Pflichtenheft und Auftrag bauen daher oftmals auf unvollständigen oder falschen Annahmen auf. Stellt man danach in der Leistungsphase Lücken oder Fehler fest, sind Änderungen schwierig, zeitaufwendig und teuer.

Scrum vermeidet bewusst, gleich zu Beginn alle Anforderungen kennen zu wollen. Vielmehr werden durch den „Product Owner" stets neue Anforderungen in den „Product Backlog" eingegeben und in kurzer Zeit – den so genannte „Sprints" von einer bis maximal vier Wochen – abnehmbare Teilergebnisse entwickelt und abgeliefert, die bereits genutzt werden können. Stellt sich dann heraus, dass Lösungen oder Ergebnisse (noch) nicht den Erwartungen entsprechen,

---

[5]Sprint Planning, Daily Scrum, Sprint Review und Sprint Rückblick.
[6]Product Backlog, Sprint Backlog und Product Increment.
[7]Product Owner, Projektteam und Scrum Master.

muss nur ein vergleichsweise kleiner Entwicklungsaufwand wiederholt werden. Zudem helfen die so gewonnenen Erfahrungen, die Anforderungen im Product Backlog zu optimieren.

Der Begriff agiles Arbeiten wird heute leider oft inflationär und oftmals auch falsch verwendet. Im Zusammenhang mit Hoshin Kanri ist aber insbesondere der Verzicht auf ein vollständiges Lastenheft zugunsten einzelner Anforderungen wichtig, da sie schnell und kleinteilig umgesetzt und ggfs. auch wieder korrigiert werden können.

Vergleich von Hoshin mit anderen Steuerungsmethoden im Vertrieb

5

Über Hoshin Kanri hinaus gibt es andere Steuerungsmethoden für Vertrieb und Gesamtunternehmen. Dazu gehören im Wesentlichen MbO/„Management by Objectives", BSC/„Balanced Scorecard" und OKR/„Objectives and Key Results". Siehe zu MbO Drucker (1954), zur Balanced Scorecard Kaplan (1993) und zu OKR Grove (1983). Es gibt auch Ansätze, die eine Kombination von Hoshin Kanri mit der BSC/Balanced Scorecard oder mit OKR empfehlen, wie Witcher (2007) und DeBusk (2011) für die BSC und Kudernatsch (2019) zur Methode OKR.

Daneben existieren einfache Vertriebs-Dashboards und Sales-Cockpits auf Basis von ERP- oder CRM-Systemen oder selbst erstellte Lösungen mittels Microsoft Excel. „Viele Wege führen nach Rom" bedeutet, es muss nicht zwingend eine bestimmte Lösung sein. Es heißt aber auch „Man sollte nicht mit Kanonen auf Spatzen schießen": Überdimensionierte und zu komplexe Systeme und Methoden werden keine Akzeptanz finden und dadurch nutzlos sein. Der Aufwand für Einrichtung, Betrieb und Wartung muss zu Ihren Erwartungen, Zielen und den in Ihrem Unternehmen vorhandenen Möglichkeiten passen. Zwar kann Excel (fast) jeder und ein ERP-System nutzt Ihr Unternehmen vermutlich bereits ebenfalls. Ich empfehle, auf erprobte Methoden und Instrumente zurückzugreifen, die nicht von den Programmierfähigkeiten eines Excel-Experten abhängen: Geht der Experte, geht meist auch die Fähigkeit zur Reparatur und Weiterentwicklung der eingesetzten Lösung verloren. Zudem: Bei der Verwendung einer auch in anderen Unternehmen genutzten Methode können Sie sich mit diesen austauschen und aus deren Erfahrungen und Weiterentwicklungen lernen. Hoshin Kanri kann daher für Sie eine Methode sein, die ideal für Ihr Unternehmen ist.

© Springer Fachmedien Wiesbaden GmbH, ein Teil von Springer Nature 2019   35
P. Klesse, *Best Practice im Vertrieb durch Hoshin Kanri,* essentials,
https://doi.org/10.1007/978-3-658-27554-9_5

Positive Erfahrungen der Danaher Corporation

6

Viele Unternehmen setzen Hoshin Kanri ein, wie es z. B. Witcher (1999) für Rank Xerox beschreibt. Danaher Corporation ist eines der bekanntesten, das Hoshin zum Kern des Unternehmens und seiner Strategieumsetzung gemacht hat, s. Bharat (2011) und Roth (2016).

Danaher Corporation[1] ist ein 1980 gegründeter US-amerikanischer Mischkonzern mit weltweit über 400 Unternehmen und knapp 70.000 Mitarbeitern, davon rund 8.000 in Deutschland. Danaher Corp. ist in vier Segmenten auf das Geschäft Business-to-Business fokussiert. Das Unternehmen weist für das Jahr 2018 einen Umsatz von knapp 20 Mrd. US\$ (rund 18 Mrd. EUR) bei einem „Adjusted" EBITDA von fast 25 % auf. Der Aktienkurs stieg in den vergangenen 15 Jahre kontinuierlich um jährlich mehr als 14 % und übersteigt damit den Erfolg vergleichbarer Unternehmen. Danaher widerspricht damit der These, dass Mischkonzerne weniger erfolgreich sind als fokussierte Unternehmen[2].

Grund für den Erfolg von Danaher ist zuerst einmal die strategische Ausrichtung des Unternehmens auf große, nicht-zyklische Märkte, in denen es eine Nummer-Eins- oder eine Nummer-Zwei-Position erzielen kann. Dazu die geschickte Führung durch den langjährigen CEO Larry Culp und viele erfolgreiche Akquisitionen, aufbauend auf industriellen Plattformen.

Nach eigenen Angaben ist der Kern des Erfolgs zudem der konsequente Einsatz des „Danaher Business System/DBS", das auch als „Seele" von Danaher beschrieben wird. Danaher entwickelte DBS Ende der 1980er Jahre aus einer

---

[1]Website Danaher Corporation: https://www.danaher.com.

[2]Allerdings hat sich Danaher 2016 in zwei fokussierte Gesellschaften aufgespalten: Danaher und Fortive Corporation.

© Springer Fachmedien Wiesbaden GmbH, ein Teil von Springer Nature 2019

P. Klesse, *Best Practice im Vertrieb durch Hoshin Kanri,* essentials,
https://doi.org/10.1007/978-3-658-27554-9_6

intensiven Analyse von Toyotas Lean-Manufacturing-Ansatz als eines der ersten Unternehmen in den USA. Es begann als Methode zur Optimierung der Fertigung und wurde erst später für die Steuerung und Entwicklung des gesamten Unternehmens eingesetzt.

Danaher definiert DBS als die „vier P": people, plan, process and performance (Menschen, Planung, Prozesse und Leistung), mit dem Fokus auf drei Bereiche: Wachstum, Lean und Führung. Neue Mitarbeiter werden langfristig begleitet und im Hinblick auf Verhalten und Leistung beobachtet und bewertet. Für jedes neu akquirierte Unternehmen wird innerhalb von 100 Tagen ein Plan entwickelt, „in welchem Spiel man spielt" und „wie man das Spiel gewinnen kann". Bei dieser Planung ist der Planungsprozess wichtiger als der Plan selbst. Wesentlich ist darüber hinaus der Prozess der Einführung neuer Manager und Mitarbeiter in DBS, die monatelang nur lernen und Erfahrungen sammeln sollen, bevor sie sich mit der Funktion befassen, für die sie eingestellt wurden. Danaher ist der Überzeugung, dass das Ausbilden von Meisterschaft und einer Kultur in DBS ausschlaggebend für den Integrationserfolg jeder neuen Akquisition ist.

Die eigentliche Verbindung von DBS zu Hoshin Kanri findet im Bereich „Performance" (Leistung) statt, für den die Hoshin X-Matrix explizit angewendet wird, wie hier beschrieben. Ausgehend von wenigen relevanten, langfristigen Finanzzielen (Kerngröße bei Danaher ist der ROIC[3]), die das Unternehmensergebnis wesentlich vorantreiben, werden dazugehörige finanzielle Jahresziele definiert. Für diese werden – meist nicht-finanzielle – Leistungs- oder Ergebnisgrößen definiert, wie z. B. die Lieferquote OTIF[4] oder die Ausschussquote bei Produktionsprozessen. Danaher geht grundsätzlich davon aus, dass alles messbar ist und daher auch gemessen werden muss, wenn es beeinflusst werden soll.

Ziele und Ergebnisse werden in einfachen Tabellen abgebildet, mit einer farblichen Markierung für Abweichungen. „Rot" für negative Abweichungen ist der Auslöser für eine intensive Ursachenanalyse. Dabei führt eine Abweichung nicht dazu, den jeweils Verantwortlichen zu blamieren, als vielmehr gemeinsam nach Ursachen und Lösungen zu suchen. Viele rote Markierung sind nicht per se schlecht, zeigen sie vielmehr Verbesserungspotenziale auf. Schlecht ist es jedoch, wenn eine Kennzahl über längere Zeit rot bleibt, ohne dass Ursachen und Lösun-

---

[3]ROIC = „Return on Invested Capital" ist eine gewinnbasierte Rentabilitätskennzahl, die den Gewinn vor Fremdkapitalzinsen nach (angepassten) Steuern auf das investierte Kapital bezieht.

[4]OTIF = „On Time in Full" ist eine Kennzahl für den Prozentsatz der Lieferungen, die pünktlich und vollständig erfolgt sind.

gen gefunden werden oder Maßnahmen positiv wirken. Wichtig ist Danaher eine Kultur, in der Probleme angegangen und nicht die verantwortlichen Mitarbeiter gefeuert werden.

Der gemeinsame Prozess des Umgangs mit Abweichungen wird als wichtiger angesehen, als die Diskussion der Zahlen an sich. Danaher hat über die Jahre mehr als 50 Instrumente entwickelt, mit denen Abweichungen geheilt werden können und die regelmäßig trainiert werden. Daher ist neben der Analyse der finanziellen Ziele – langfristig und jährlich – und der Leistungskennzahlen vor allen die Definition der Kern-Initiativen wichtig, mit denen die Ziele erreicht und Abweichungen geheilt werden können.

DBS und damit Hoshin Kanri wird zentral durch ein DBS-Office („DBSO") unterstützt, wobei die Verantwortung nicht beim DBSO liegt, sondern immer beim zuständigen operativen Management. Die Mitglieder des DBSO müssen selbst erfahrene operative Manager gewesen sein. Hauptaufgabe des DBSO ist das Training des Managements neu akquirierter Unternehmen, die Weiterentwicklung in bestehenden Einheiten und die Durchführung von Kaizen-Sessions, meist in neuen Firmen.

Der wesentliche Nutzen von DBS und Hoshin Kanri für Danaher sind die vier Kernelemente.

- Einfordern und Umsetzen einer verpflichtenden, durchgängigen Kultur von der Mitarbeitereinstellung bis zu Entlohnung und Beförderung,
- Investition in das DBS durch intensives Training und das zentrale DBSO,
- konsequente Anwendung von DBS und der Hoshin-Instrumente in allen Danaher-Unternehmen,
- Entwicklung und Einsatz von Instrumenten zur Zielerreichung und Behebung von Abweichungen und Problemen.

Kudernatsch (2019) stellt acht weitere Praxisbeispiele für die Einführung von Hoshin Kanri vor, etliche davon in Deutschland. Dazu zählen u. a. die Apex Tool Group, Federal-Mogul, Alstom und Siemens. Dabei wird auch deutlich, dass jedes Unternehmen – so wie Danaher mit dem DBS – seine eigene individuelle Lösung entwickelt hat.

Erfolgsfaktoren, Fallstricke und Kritik an Hoshin Kanri

Wir zeigen zehn Faktoren auf, die die erfolgreiche Einführung und Nutzung von Hoshin Kanri unterstützen und sicherstellen können. Allerdings: Nicht in jedem Fall kann Hoshin Kanri sinnvoll eingeführt werden. Die Gründe dafür sind vielfältig und sollten beachtet werden, wenn die Einführung kein Misserfolg werden soll. Einen Überblick über die „Dos und Don'ts" der Einführung von Hoshin Kanri finden Sie in Abb. 7.1.

7.1 Erfolgsfaktoren für die Einführung und Nutzung von Hoshin Kanri

Wir sehen folgende zehn Faktoren, die für die erfolgreiche Einführung und Nutzung von Hoshin Kanri erfüllt sein sollten:

1. *Top Management-Unterstützung und Entscheidung*
   Das Top-Management will die Einführung und Nutzung von Hoshin Kanri, unterstützt sie, ist bereit, Zeit und Geld zu investieren und ein geändertes Verhalten zu akzeptieren, wie z. B. „stretched goals" zu verwenden. Gegebenenfalls besteht auch die Bereitschaft, Personalführungs- und -entwicklungsprozesse sowie das Provisionssystem anzupassen.
2. *Akzeptanz*
   Auch die betroffenen (Vertriebs-) Führungskräfte, die beteiligten Mitarbeiter und z. B. auch mitbestimmungsberechtige Beteiligte haben Hoshin Kanri akzeptiert und als Chance zur Verbesserung für das Unternehmen und für sich selbst verstanden. Manchmal hilft es dabei, die Methode mit einem einfacheren Namen zu versehen und – für das Beispiel-Unternehmen

© Springer Fachmedien Wiesbaden GmbH, ein Teil von Springer Nature 2019

P. Klesse, *Best Practice im Vertrieb durch Hoshin Kanri*, essentials,

https://doi.org/10.1007/978-3-658-27554-9_7

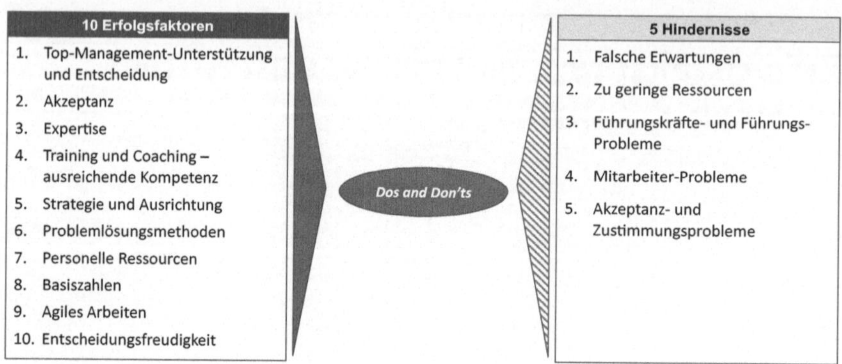

Abb. 7.1 Dos und Don'ts einer Einführung von Hoshin Kanri im Vertrieb

der „MaschBau GmbH" – z. B. die Bezeichnung MVS/„MaschBau-Vertriebs-System" zu verwenden.

3. *Expertise*

Für die Einführung ist ein ausreichendes Maß an Expertise vorhanden – für die Planung, Anleitung und für das Training der Beteiligten, ebenso wie für die Einrichtung/Anpassung der Hoshin Kanri-Instrumente. Ebenso ist Expertise für die Einführung und den Einsatz von Problemlösungstechniken verfügbar, entweder im eigenen Unternehmen oder temporär durch Externe.

4. *Training und Coaching – ausreichende Kompetenz*

Ein großer Teil der Beteiligten wurde/wird ausgiebig in Hoshin Kanri trainiert. Dies kann im eigenen Unternehmen, bei fremden Unternehmen oder in Seminaren stattfinden. Neben Hoshin Kanri wurden auch Problemlösungstechniken (z.B. Kaizen, Pareto) und agiles Arbeiten erlernt.

5. *Klare Strategie und Ausrichtung*

Da Hoshin Kanri kein Instrument zur Strategiefindung, sondern zur Strategieumsetzung ist, hat das Unternehmen bereits ausreichende Anstrengungen unternommen, eine klare Ausrichtung und begründete Strategie zu haben. Zudem wurden quantitative, finanziell wirksame strategische Zielwerte beschlossen oder werden im Rahmen der Hoshin Kanri-Einführung ergänzt.

6. *Problemlösungsmethoden*

Optimierungspotenziale durch Hoshin Kanri zu entdecken ist der erste Schritt. Um diese Potenziale zu heben, verfügt das Unternehmen über standardisierte Methoden, mit denen Probleme gelöst und Chancen genutzt werden können, wie z. B. Kaizen, Pareto.

7. *Personelle Ressourcen*
   Das Managementteam, das mit Hoshin Kanri arbeiten soll, ist tatsächlich vorhanden – in ausreichender Zahl, Qualifikation und Motivation. Nicht jede Person kann zu partizipativem Arbeiten entwickelt werden, manche Position wird dann konsequenterweise neu besetzt.
8. *Basiszahlen*
   Hoshin Kanri benötigt zur Bewertung und Steuerung aussagekräftige Zahlen. Das Unternehmen ist in der Lage, diese Zahlen hinreichend schnell und korrekt bereitzustellen.
9. *Fähigkeit zum Agilen Arbeiten*
   Agiles Arbeiten ist bekannt und erlernt – es ermöglicht ein schrittweises Vorgehen und ein Umgehen mit nicht auf Anhieb optimalen Ergebnissen.
10. *Entscheidungsfreudigkeit*
    Wie bei jeder Neueinführung bedarf es vor Beginn Mut, sich auf die Reise zu Hoshin Kanri einzulassen und im Laufe der Zeit sind Tapferkeit und Geduld erforderlich, um ggfs. trotz etwaiger Schwierigkeiten weiterzumachen.

7.2   Fünf Fallstricke bei der Einführung von Hoshin Kanri und wie Sie sie umgehen

Die bloße Entscheidung, Hoshin Kanri im Vertrieb oder im Gesamtunternehmen einzuführen, reicht nicht aus. Fehler können verhindern, dass der gewünschte und erwartete Erfolg eintritt. Wir definieren im Folgenden fünf Fallstricke und erläutern, wie Sie Ihnen entgehen können.

1. *Falsche Erwartungen*
   Die Einführung und Umsetzung von Hoshin Kanri benötigt Zeit und kann nicht von heute auf morgen Wunder bewirken und spontan „Quick Wins" erzielen. In einem ungünstigen Markt- und Wettbewerbsumfeld werden zu hoch gesetzte Ziele nicht erreicht werden. Hoshin Kanri ist zudem per se kein Instrument der Strategieentwicklung und kein Instrument zur täglichen Analyse und Vertriebssteuerung auf Detailebene. Hoshin Kanri kann auch nicht nach dem Motto „Wasch mich, aber mach mich nicht nass" umgesetzt werden, d. h. ohne Veränderungen von Einstellungen und Verhalten und ohne die notwendigen Ressourcen bereitzustellen.

Definieren Sie vor Beginn einer Hoshin Kanri-Einführung die Erwartungen und entwickeln Sie einen Einführungsplan, treffen Sie die notwendigen Ressourcen- und Verantwortungs-Entscheidungen und lassen Sie diese von einer Person mit der nötigen Erfahrung bewerten und ggfs. anpassen.

2. *Zu geringe Ressourcen*

Wie das Danaher-Beispiel zeigt, müssen Führungskräfte ausreichend geschult werden und die Einführung benötigt Zeit und Geld für externe Unterstützung durch Experten und Trainer. Mal eben nebenbei wird Ihnen eine Hoshin Kanri-Einführung nicht gelingen.

3. *Führungskräfte- und Führungsprobleme*

Führungskräfte müssen sich einbringen, die benötigten Ressourcen bereitstellen, Hoshin Kanri verstehen und wirklich wollen und die richtige Einstellung zu den Hoshin Kanri-Prinzipien haben. Die Einführung einer partizipativen Managementmethode kann nicht von oben her angewiesen werden, ohne sich selbst einzubringen. Wenn die Führungskräfte nicht bereit oder in der Lage sind, teamorientiert zu arbeiten, agile Methoden anzuwenden und Verfehlungen von „stretched goal"-Zielen zu akzeptieren, wird Hoshin Kanri misslingen.

Ihre Führungskräfte sollten sich daher vor Beginn über die Anforderungen an sich selbst, das Unternehmen und ihre Mitarbeiter im Klaren sein und bei begründeten Zweifeln entweder derzeit auf Hoshin Kanri verzichten oder erhebliche Maßnahmen der Führungskräfte-Entwicklung bis zur Selektion entscheiden.

4. *Mitarbeiter-Probleme*

Mitarbeiter, die gewohnt sind, Anordnungen entgegenzunehmen, die vermeiden wollen, eigene Verantwortung zu übernehmen, gern bei Problemen die Schuld bei anderen suchen und die Vereinbarung ambitionierter Ziele ablehnen, werden mit Hoshin Kanri nicht erfolgreich sein. Mit Befehlsempfängern kann partizipatives Management nicht gelingen, ob mit oder ohne Hoshin Kanri.

Sie sollten also sorgfältig prüfen, ob die eingebundenen Mitarbeiter vielleicht grundsätzlich oder nur vorläufig (noch) nicht für Hoshin Kanri geeignet sind. Im ersten Fall sollten Sie entsprechende Personalentscheidungen treffen, im zweiten Fall den Entwicklungsprozess sorgfältig planen und dann umsetzen.

5. *Akzeptanz- und Zustimmungsprobleme*

Die Einführung eines auf Hoshin Kanri basierenden Managementsystems kann – wie auch jedes anderen Managementsystems – auf Widerspruch in Zustimmungsprozessen stoßen. Im Rahmen des Betriebsverfassungsgesetzes könnte die Einführung und Nutzung mitbestimmungspflichtig sein.

Eine ungenügende Einbindung und ein daraus erfolgender Widerspruch der Zustimmungsgremien – z. B. des Betriebsrats – kann dazu führen, dass das Managementsystem nicht oder nur begrenzt eingeführt werden kann. Dies insbesondere, wenn es so ausgelegt ist oder so interpretiert werden kann, dass es zur individuellen Mitarbeiterkontrolle genutzt werden könnte.

7.3   Kritik an Hoshin Kanri

Natürlich gibt es auch grundsätzliche Kritik an Hoshin Kanri, von denen ich im Folgenden drei beispielhaft erwähne – über die vordergründige Kritik am fremd klingenden Namen hinaus.

1. *Zu hoher zeitlicher und finanzieller Aufwand*
   Tatsächlich und im Danaher-Beispiel vorgestellt, funktioniert Hoshin Kanri erfolgreich nur mit den dazu qualifizierten Mitarbeitern und Führungskräften und einer dafür geeigneten partizipativen Kultur. Der Aufwand für beides – Qualifizierung und Kulturwandel – ist sowohl finanziell als auch zeitlich immens.
2. *Zu hohe Erwartungen*
   Wenn von Hoshin Kanri zu viel zu schnell erwartet wird, werden diese Erwartungen leicht enttäuscht. Die Schuld wird dann zu Unrecht der Methode Hoshin Kanri angelastet. Bevor sich z. B. der Erfolg bei Danaher einstellte und Probleme nicht nur erkannt und gemanagt, sondern auch gelöst wurden, war erheblicher Aufwand für die Entwicklung und Einführung der dazu eingesetzten Problemlösungstechniken notwendig. Dieses Problemlösen selbst leistet Hoshin Kanri nicht. Auch ist Hoshin Kanri keine Methode zur Strategieentwicklung.
3. *Zu technokratische Anwendung*
   Es kann passieren, dass Hoshin Kanri auf die Nutzung der X-Matrix und anderer Instrumente reduziert wird, ohne dass die nötigen Prozesse und die Hoshin Kanri-Philosophie implementiert werden. Dann kann Hoshin Kanri zu einer „akademischen Übung" verkommen, für die viel Aufwand betrieben wird mit zu wenig Nutzen.

Was Sie aus diesem *essential* mitnehmen können

Natürlich sind Sie jetzt noch kein Hoshin Kanri-Experte geworden. Folgende fünf Punkte sollten Sie aber nach der Lektüre mitnehmen können.

- Sie wissen, was Hoshin Kanri ist und wo die Ursprünge liegen.
- Sie kennen Philosophie, Instrumente und Prozesse von Hoshin Kanri.
- Sie haben ein einfaches Excel-basierendes Hoshin Kanri-Instrument für die MaschBau GmbH verstanden.
- Sie haben die positiven Erfahrungen der Danaher Corporation mit deren Hoshin Kanri-Anpassung und dem DSB kennengelernt.
- Für Ihr Unternehmen haben Sie Erfolgsfaktoren und kritische Elemente (Dos und Don'ts) von Hoshin Kanri erfahren und können sich eine Meinung dazu bilden, ob Hoshin Kanri für Sie und Ihr Unternehmen so interessant ist, dass Sie sich vertieft damit befassen wollen.

© Springer Fachmedien Wiesbaden GmbH, ein Teil von Springer Nature 2019   47
P. Klesse, *Best Practice im Vertrieb durch Hoshin Kanri,* essentials,
https://doi.org/10.1007/978-3-658-27554-9

Literaturverzeichnis/zum Weiterlesen

Wenn Sie sich intensiver mit Hoshin Kanri beschäftigen wollen, finden Sie in der Hoshin Kanri Bibliografie von Witcher (2014) eine Fülle grundlegender und weiterführender Literatur – beschränkt auf englischsprachige Werke bis zum Jahr 2014. Aktuell und deutschsprachig empfehle ich das Hoshin Kanri-Buch von Kudernatsch (2019) und den Artikel von Artmann (2016).

Akao Y (1991) Hoshin Kanri – Policy Deployment for Successful TQM. CRC Press, Cambridge

Artmann C (2016) Erfolgreiche Unternehmenssteuerung mit "Hoshin Kanri"? Controller 2016(Januar–Februar):10–15

Bharat A, Collis DJ, Hood S (2011) Danaher Corporation. HBR 2011(April):1–32 (9-708-445)

DeBusk GK, DeBusk C (2011) Combining Hoshin planning with the balanced scorecard to achieve breakthrough results. HBR 13(6):4 (Reprint B1111B)

Deming WE (1982) Out of the crisis. Massachusetts Institute of Technology, Cambridge

Drews G, Hillebrand N (2010) Lexikon der Projektmanagement-Methoden, 2. Aufl. Haufe, München

Drucker P (1954) The practice of management. Harper & Row, New York

Grove AS (1983) High output management. Random House, New York

Kaplan RS, Norton DP (1992) The balanced scorecard: measures that drive performance. HBR 1992(Januar–Februar):71–79

Kaplan RS, Norton DP (1993) Putting the balanced scorecard to work. HBR 1993(September–Oktober):134–147

Kudernatsch D (2019) Hoshin Kanri. Schäffer Poeschel, Stuttgart

Lovallo DP, Mendonca LT (2007) Strategy's strategist: an Interview with Richard Rumelt. McKinsey Q 2007(August):1–10

Manos A (2010) Hoshin Promotion. Six Sigma Forum 2010(August):7–14

Osterwalder A, Pigneur Y (2010) Business Model Generation. Wiley, Hoboken

Osterwalder A, Pigneur Y, Bernarda G (2014) Value proposition design. Wiley, Hoboken

Pufahl M (2015) Sales performance management. Springer Gabler, Wiesbaden

Roth LG, Kleiner A (2016) Danaher's instruments of charge. Strategy + Business 2016(Februar):82

© Springer Fachmedien Wiesbaden GmbH, ein Teil von Springer Nature 2019
P. Klesse, *Best Practice im Vertrieb durch Hoshin Kanri,* essentials,
https://doi.org/10.1007/978-3-658-27554-9

Sutherland J (2015) Scrum: the art of doing twice the work in half the time. Random House, London

Witcher B J (2014) The Hoshin Kanri Bibliography. Norwich Business School, University of East Anglia

Witcher BJ, Butterworth R (1999) Hoshin Kanri: how xerox manages. LRP 32(3):323–332

Witcher BJ, Chau V (2007) Balanced scorecard and Hoshin Kanri: dynamic capabilities for managing strategic fit. Manage Decis 45(3):518–538